U0636600

黑龙江社会科学界联合会项目"文化与多元:生态翻译学视角下的地方文化翻译",项目编号:WY2016031－B;2016年度教育厅社科项目"生态翻译学视域下的林纾翻译研究",项目编号:1351MSYZD010;牡丹江师范学院青年学术骨干项目"全球化视阈下的翻译生态环境研究",项目编号:G201303;牡丹江师范学院项目,"探究《红楼梦》中传统文化因素的英译",项目编号:QY201314

生态翻译学与文学翻译研究

贾延玲　于一鸣　王树杰　著

吉林大学出版社

图书在版编目(CIP)数据

生态翻译学与文学翻译研究／贾延玲，于一鸣，王
树杰著. — 长春：吉林大学出版社，2017.5
ISBN 978 – 7 – 5692 – 0039 – 3

Ⅰ.①生… Ⅱ.①贾… ②于… ③王… Ⅲ.①翻译学
–研究②文学翻译–研究 Ⅳ.①H059②I046

中国版本图书馆 CIP 数据核字(2017)第 154268 号

书　　名　生态翻译学与文学翻译研究
　　　　　SHENGTAI FANYI XUE YU WENXUE FANYI YANJIU

作　　者　贾延玲　于一鸣　王树杰　著
策划编辑　朱　进
责任编辑　朱　进
责任校对　朱　进　何　静
装帧设计　美印图文
出版发行　吉林大学出版社
社　　址　长春市朝阳区明德路 501 号
邮政编码　130021
发行电话　0431 – 89580028/29/21
网　　址　http://www.jlup.com.cn
电子邮箱　jdcbs@jlu.edu.cn
印　　刷　北京市金星印务有限公司
开　　本　787 × 1092　1/16
印　　张　12
字　　数　202 千字
版　　次　2017 年 5 月第 1 版
印　　次　2017 年 5 月第 1 次
书　　号　ISBN 978 – 7 – 5692 – 0039 – 3
定　　价　42.00 元

版权所有　翻印必究

前　言

　　生态翻译学从生态学的视角出发,着眼于翻译生态系统的整体性,以译者为中心,对翻译的本质、过程、原则、方法和译评标准等做出新的描述和诠释。生态翻译学认为翻译是译者适应翻译生态环境的选择活动,翻译过程是译者"适应"与译者"选择"的交替循环过程,翻译原则是多维度的选择性适应与适应性选择,翻译方法是语言维、交际维、文化维的转换,译评标准主要取决于多维度转换程度、读者反馈、译者素质,整体适应选择度最高的翻译为最佳翻译。

　　文学翻译是以译作形式存在于目标语文学中的一种特殊文学类型。大部分读者平常阅读的所谓外国文学作品,实际上都是外国文学作品的译作,严格意义上说就属于文学翻译。文学翻译发挥着极其重要的社会、文化和文学功能,它能带来新思想、新观念,对于目标语文化和文学的现代性亦是一股巨大的推力。正因为文学翻译的地位和作用,国内一些文学研究者开始编写翻译文学史或在中国文学史中以专门章节描述文学翻译断代史。中国现代文学翻译史表明,文学翻译对于现代汉语文学和文化的现代性有过积极的推动作用。

　　从翻译的选材、翻译策略的选择,到译文接受和在目标文化中的地位和功能,文学翻译都受到一系列社会因素和规范的影响,如意识形态、社会、文化、政治、历史和文学等因素。文学翻译作品的译介主要依赖各种主体来完成,包括赞助主体、创作主体、翻译主体、接受主体和评论主体,他们在一定的社会生态环境里互相作用、互相关联,形成主体间关系网络。本书试图借鉴生态学整体系统的研究范式,尝试描述文学翻译的生态系统建构理念。

　　本书共分为上、中、下三篇。首先,上篇阐述了生态学与生态翻译学思想、生态翻译学理论的建构与应用的基本概念、起源、体系及其发展。着眼于生态翻译学的宏观视角、微观视角及其公式语方向的分析。其次,中篇阐述了文学翻译的风格与批判学思想,从基于文学翻译作家与译者的审美风格到文学翻译作家与译者的翻译批评,可以从中得知文学作家与译者风格的迥异、审美的感知与想象、文学翻译与批评的基础知识。最后,下篇以文学作家张爱玲与林纾为主线,突出强调了文学翻译与生态翻译学的融合与碰撞,以及在不同领域中的应用,为以后更好地研究生态翻译学与文学翻译提供了资料。

　　本书是由贾延玲、于一鸣、王树杰三位老师合著而成,贾延玲老师撰写10万字,于一鸣老师撰写5万字,王树杰老师撰写5万字。本研究尝试把文学翻译放在整个文学生态系统中进行整体的、综合的考察分析,总结一些相关的生态文学翻译研究成果,并对全球化、商业化等环境下文学翻译新主体身份与主体关系进行了伦理性反思。期待本书能对文学翻译与生态翻译的本体理论系统建构提供一定的借鉴和参考。

目 录

上　篇

探析生态翻译学的思想与应用

第一章　生态学与生态翻译学思想

第一节　生态学基础

一、生态学的定义

生态学是研究生物与环境之间相互作用的一门学科,包括:生物个体之间、群落之间、生物和非生物之间的相互作用。该词是由自然学家亨利·索瑞于1858年提出的,但他没有给生态学以明确的定义。德国著名博物学家艾伦斯·海克尔在其所著的《普通生物形态学》中初次把生态学定义为"研究动物与其有机或无机环境之间相互关系的科学",特别是动物与其他生物之间的相生相克关系。该词由希腊语"oikos"和"logos"发展形成,"oikos"表示住所,"logos"代表知识,因此对生物"居住"的研究是生态学的本义。

在这之后,作为现代科学体系中的一个关键学科——生态学,得到了确立并慢慢发展起来。一般情况下,研究环境系统是生态学的范畴。"环境"是指相对于人类创造的世界而言的自然世界。生态学研究自然界的各要素以及各要素之间的互动,包括生存、生命、生产之间的密切关系,体现了整体性、总体性和全面性的特征。

二、生态学的重要概念

生态学中的重要概念包括生态平衡、生态系统、生态位。生态平衡是指在一定时间内生态系统中的生物和环境之间、生物各个种群之间,通过能量流动、物质循环和信息传递,使它们相互之间达到高度适应、协调和统一的状态。换句话说,生态平衡是指处于顶级的稳定状态的生态系统的形成和维持,它是一种相对的动态平衡,是在生态系统的演替发展中,借助于外部环境与内部组件之间的相互作用以及数字系统之间的联系,同时控制系统的内部功能。

1935 年英国生物学家坦斯利首先提出了生态系统一词,他指出生物与环境是生态系统空间构成的基本单位,各单位在生存过程中相互竞争、作用、依赖,从而形成健康有序的状态。生态系统的基本特征是结构的多样性、物质的循环性、系统的复杂性、能量的流动性、自我调节性和系统的动态性。而生物单位处于一定的生态位之中。生态位是在生态学中最主要的概念,又称为"小生态",是生物的"住址"和"职业"。根据达尔文的进化论,每个生物单位在自身发展的过程中都经历了优胜劣汰的过程,即每个生物单位处在复杂的生态环境之下,有利的变异保存下来,而不利的变异遭到毁灭,经过"自然选择"或者"适者生存",实现生态系统的"优胜劣汰"。

可见,西方生态学中,生态系统是由无数相互联系、相互依存的生物单位组成的,每个生物单位都处于一定的生态位下,在某种特定的条件下通过"自然选择"、"优胜劣汰"等方式,实现生态系统地自我控制、自我调节和自我发展,实现生态系统的平衡。这些重要的生态学概念被广泛运用于生态研究和交叉学科领域。

三、生态学的研究内容

生态学的研究对象是自然生态系统和野生动物群体。主要研究和探索生物与环境之间的相互关系以及它们之间的规律;在不同的生存环境下生物种群的形成和发展,种群内部及种群群体之间的关系和调节过程,在时间和空间上种群数量的变化规律,特定环境对种群的影响;生态系统的结构、功能和基本成分;生物群落的分布、组成和特征,群落的结构、功能和动态;生态系统中的能量循环和物质循环。

生态学基本的研究范畴是半自然生态系统和人工生态系统。主要研究和探索世界不同地区系统功能、组成和结构的人为干扰或损害;生物多样性的保护和永续利用;环境质量的生态学评价等。

生态研究的对象是自然、经济、社会的复合生态系统。主要是研究生态中心人的立场和功能,协调系统地构成以及人与其他研究资源之间的关系,研究如何协调人口之间的良性发展,从而保证即使人口不断增长,社会通过对环境资源的合理管理和利用,达到人类的可持续发展。

四、生态学的发展

（一）萌芽期

17 世纪初之前都是生态学的萌芽期。人类在长期务农、游牧、捕捞和狩猎过程中不断总结经验,不断积累简单的生态学知识,例如季节气候对作物生长的影响、土壤水分和常见的动物习惯等。这个阶段形成了素朴的生态学观点,也为生态学的创建奠定了知识和思想上的基础。

（二）形成期

生态学的形成期是从 17 世纪到 20 世纪 50 年代。这个时期生态学家提出了许多有价值的生态学理论,研究方法从个体生态观察研究,然后过渡到生态系统研究。达尔文提出了自然选择理论,由于环境与生物进化的相互作用,导致人们高度重视环境和生物关系,也促使生态学进一步发展。

"生态学"的定义首先由海克尔提出,生态学是指:"研究有机体与其周围环境相互关系的学科"。20 世纪 30 年代生产的许多生态学文献,阐述了生态位、群体生态学、食物链、生物量、生态系统等生态学的一些基本观点和相关概念。所以,生态学是一门独立的学科,它已经具备了特定研究对象、理论体系和研究方法。

（三）发展期

在 20 世纪 60 年代以后是生态学的发展期主要表现出以下角度上的特点:

第一,学科自身发展条件和趋势方面。发展过程中,化学工程技术科学、物理、数学等学科的研究成果融入到了生态学中,举例来说像地理信息、高精度和分析测定技术等,为生态学的发展提供了向精确、定量方向前进的条件。

第二,生态学的理论发展方面。将生物生态学、种群生态学、生态系统生态学和群落生态学等要点分为宏观,中观和微观三个层面,更为详细具体。

第三,生态学的运用方面。主要是由于人类活动影响着世界生态系统,交织在一起的生态系统和社会经济生产体系,从而构成了一个庞大的复杂系统。食品、自然资源、人口与环境等因素随着社会经济和现代工业化的快速发展,对社会生产和生活产生深远的影响。因此,人们不断地通过对生态学的方法进行相关的研究和实践,只是为早日找到解决这些问题的有效措施和科学依据。

五、现代生态学的发展趋势

近年来现代生态学在慢慢地进步和创新。从一个角度来看,传统生态的研究是数学、化学、生物学、物理学、工程科学研究的结合;另一个角度则打破了传统生态学的研究领域,而是向复杂、广阔的人类社会系统扩展。在拓展的过程中,它具有三个方面的特征:

第一,生态学交叉渗透力的增强。在人类社会系统研究的各个方面,学术界应用了生态学方法和理论,出现了诸如文化生态学、农业生态学、人类生态学、经济生态学等跨学科,也使生态学成为学界用于揭示人类社会系统基本规律的重要方法论之一。

第二,生态学融合力的加深。人文社会科学研究促进了现代生态学的发展进步。为了促进自然生态系统和人类社会制度的价值以及自然生态系统之间的相互作用关系,形成了生态伦理学、自然资源经济学、生态哲学、生态文化等生态学学说和分支领域。对生态学的基本观念进行深化,进而将生态学的运用领域得以扩展,从而促使传统生态学的理论体系走向成熟。

第三,全球生态学与环境运动的兴起。伴随着后工业文明时代所带来的各种各样的问题,以"人类社会发展与全球环境变化关系"为主旨的全球生态学研究一直在进行。与此同时,伴随着在全球环境运动,相应的可持续发展理论、生态主义等也在慢慢地发展。总而言之,从静态描述到动态分析,从定性到定量研究,从单一层次到多层次的综合研发是生态学的整体发展趋势。

第二节　中国传统生态学思想

华夏几千年的文化思想中蕴含了许多经典生态智慧。中国传统生态包含着"天人合一""以人为本""中庸之道""整体综合"等多个丰富的哲理。

中国的传统生态思想偏重和谐，认为和谐是"天和"、"人和"、"地和"的总和，是主客关系的圆满。

一、天人合一

中国传统思想的整体观源远流长，主要体现在"天人合一"。儒家生态观念的基本理论基点可以称为"天人合一"。"万物并育而不相害，道并行而不相悖。"是孔子在《中庸》中所提及的，和谐、相辅相成的运动是孔子心中的自然和人的发展变化规律。

"事各顺于名，名各顺于天。天人之际，合而为一"（《春秋繁露·深察名号》）是汉代文人董仲舒提出的。同样，董仲舒也认为天、地、人三者是一体的，并且提出"三者相为手足，不可一无也"（《春秋繁露·立元神》），生动形象地表达出来天、地、人三者之间紧密的联系。除此，儒学也承认自然界有其特有的运行规律，人类主观意志的支配无法改变自然的运动规律。中国的"天人合一"观，促进了社会道德和自然规律的协调一致，将生态系统看作相互联系、相互依存、相互作用的有机整体，也表达了古代人民对天、地、人和谐发展的良好意愿。

二、仁爱万物

中国传统生态伦理思想的体现是"仁爱万物"。天地的"无穷极之仁"是《易经》提出的，其主要表现是"天地感而万物化生"。因此在生态系统中，人作为主体因素应该对自然界的万物怀有仁爱之情。儒家学者主张"仁民爱物"、"由己及人，由人及物"的思想，宇宙万物中都蕴含着仁爱精神。荀子提倡"万物各得其和而生，各得其养而成"，汉代董仲舒提出要把爱物作为人的道德伦理内容。此外，传统佛家思想中也渗透着保护生命的传统美德。

三、和实生物

中国传统生态思想中的"和实生物"的思想体现了中国传统的生态发展观。正如"夫和实生物，同则不继"所说。"和"是多样事物的"统一"，"统一"包括互补、协调、共处等层次，以上三个观点是西周的史伯提出的。"实"是实际上（根本上）；"生"是生生不已；"物"是万事万物。"同则不继"间接说明"和"是有利于持续发展的。这种思想与西方的优胜劣汰思想不同，中国的传统生态思想没有将发展看作不同竞争对象之间相互对立、相互竞争的过程,而是生态系统中不同个体之间相互学习、相互吸收、共同进步的过程。

中外生态学的研究和生态学的思想不尽相同,但有一定的共同之处。总而言之,主要体现了以下特征:

第一,整体性。从生态学的角度来看,世界是一种生物体,每一种人的生活行为都是生命的整体运动,为人类的生态创造一个新的视野,引导人类摒弃原有的、单一化状态,追求生存的开放性、多元化。

第二,多层性,也可以称为立体性。现代生态学研究对象,小到像细胞生态、分子状态的微观状态,大到像景观生态、生物圈、区域生态和全球生态的宏观状态。种群、有机体、生态系统和群落几个宏观层次构成了生态学建立时的主要研究对象。

第三,动态性。生态学的研究强调生态系统的动态性,生态系统内部总是重复着"平衡—不平衡—平衡"的状态,通过其自我调整,达到动态的生态平衡,形成生态系统螺旋上升的演进。生态学不是以一成不变的方法进行讨论,而是以动态的眼光观察生态系统。

第四,互动性。环境决定了生物体的性质:简单或复杂,重复或单一的,必要的或自发的,共同的或独立的。生态系统内的各种因素是相互联系、相互作用的,并非孤立存在的。

第五,环境性。从生态学来看,每种生物都有其赖以生存的处所。此外,从联系的视角来看,每种生物处于一定的生态位中。因此应该将生物个体放在某种特定的处境下,整体、全面地考察生物体所处的环境。

第六,圆融性。"圆融"一词,最早是佛教用语,后指破除偏见、解放思想,促进不同文化、不同学科之间的汇通、融合。生态学弘扬跨学科的研究方法,摒弃陈旧的局部性、学科性、领域性的观点,消除学科观念和学科意识,使生态学与遗传学、生理学、生物学、行为科学等各个分支演化理论相结合,形成一个新的领域,同时生态学与化学、数学、地理学、物理学等自然科学相互联系,产生了多个边缘学科,并结合社会学、经济学、城市科学,现在的生态学已成为社会科学与自然科学的联系纽带。

中国的传统生态思想中也有"以和为贵,和实生物,和而不同"的表述,西周的史伯提出:"夫和实生物,同则不继。"此处的"和"是指不同文化、不同学科之间相互汲取精华,从而促进学科理论和实践的进步。这种圆融性为学界解放思想,多维度地分析问题、解决问题提供了借鉴。

第三节　生态翻译学的起源与发展

一、生态翻译学产生的背景

很多理念都是在深刻的时代背景和社会思潮影响下提出的。在时代社会和学术发展的引导下,生态翻译学也在逐渐发生和发展。

它是在翻译学研究的影响下经济社会进行的转型。众所周知,人类社会自 20 世纪 60 年代以来由工业文明向生态文明的转变。20 世纪 70 年代以后,中国逐渐开始重视生态环境问题。此后提出了科学发展观和可持续发展政策的概念,同时提出"人类文明处于从工业文明向生态文明过渡"的观点。为了适应社会的发展,在不同的翻译研究领域,将会引入"生态"维度。

从认识论到本体论,从人类中心到生态整合转型,这是当代哲学必须面对的。不难看出,这使翻译研究人员从"翻译生态学"的角度跨越思想领域,扩大了翻译活动和活动的视角,形成了生态翻译的研究路径。

翻译适应选择的理论基础是从生物与生态环境的关系入手,从本质上讲是生态学路径的,这一点从 2001 年开始研究起步时就定位了,此后按照该路径的其他研究也是这样发展起来的。但 2003 年至 2004 年之间的翻译,适应选择论研究中的"适者生存"理论以及"自然选择"理论之间的梳理明显缺乏,依赖于两个学科(生态学和生物学)关系的研究也没有进行深入。这在一定程度上是根据翻译理论的适应性选择的延伸而产生的影响,这使未来生态翻译在建设过程中遇到困难。

对相关文献进行研究最早的生态学是从植物生态学开始的,相应的动物生态学是伴随着植物生态学的发展才得以发展。众人皆知,生物学的研究对象既包括动物又包括植物。生态学不是孤立地研究环境和生物有机体,是研究生物有机体和环境以及互为环境的生物之间的辩证关系。

作为系统的翻译理论研究,从生态学的发展角度来看,前期的翻译适应选择论和后期的生态翻译学,它们是"同源"的,是一种继承的关系和源委的关系,本质上是一致的。

前期的翻译适应选择论研究定位在系统的翻译理论,但翻译理论研究本身与翻译学研究是不在一个层面上的。换句话说,翻译适应选择论研究相对于整体的翻译学来说,还只属于"中低端"的研究。随着生态学视角翻译研究的深化和拓展,现在有了宏观生态理念之下的整体翻译生态体系研究,而这种宏观的、整体的翻译生态体系研究实际上就涉及翻译学研究的层面了。由此看出,在整体的生态理念的观照之下,很有可能的是,前期翻译适应选择论的"中观"和"微观"研究与宏观的整体翻译生态体系研究相关联。也就是说,这将有可能使翻译研究的"译学架构"、"译论体系"、"译本形成"的三个层次研究有机地"打通",使得微观的翻译文本操作研究、中观的翻译本体理论研究、宏观的翻译生态体系研究实现统一,其产生的结果是:二效合一的、"三位一体化"的生态翻译学的理论体系构建便有可能顺理成章了。

生态翻译学起步探索于 2001 年,立论奠基于 2003 年,倡学整合于 2006年,全面拓展于 2009 年,可谓之"三年一小步"、"十年一大步",显示出它艰难的研究历程。

对于生态翻译学的产生和发展,不仅仅有中国因素,还有全球因素;不仅仅有内部因素,还有外部因素;不仅仅有人为因素,还有客观因素。同时,生态翻译的起源和发展也是一种社会需要、文化需要和学术需要,促进翻译学习领域的视野需要进一步发展。因此在新世纪初期翻译学就开始发展。

生态翻译学的三个立论基础可以概括为生态翻译学的可持续性、存在性和客观性。生态翻译学逻辑思路是:正是由于有"关联序链"的指向和启发,进而进行翻译活动(翻译生态)和思考自然界(自然生态)的相互关联问题;正是由于自然界(自然生态)和翻译活动(翻译生态)相互关联问题的深层次的研究,因此我们能够在翻译学中适度地引用适用于自然界的"适应/选择"学说;正是由于将"适应/选择"学说引入到了翻译学研究,因此,翻译适应选择论的理论体系得以建立;正是因为翻译适应选择论的理论体系的建立,以此为基础,生态翻译学"三层次"的研究分别是宏观翻译生态体系、中观翻译本体理论、微观翻译文本转换的研究得以发展;最终,正是由于生态翻译学的"三层次"研究,因此形成了相对完整的生态翻译学理论体系的构建。这是一个循序渐进、由局部到整体、由较小到较大、逐渐归为系统化的发展过程。

经过 21 世纪第一个十年的研究和积累,生态翻译学的研究成果不断累积,研究思路和发展取向日益明确,生态翻译学的宏观译学、中观译论、微观译本的"三层次"研究格局已形成。同时,随着理论应用和实证研究范围的逐步扩大和学术影响力逐步提升,研究队伍显现壮大之势,国际、国内的交流与合作计划也在实施之中。总之,生态翻译学正在一步一个脚印地稳步发展。

二、持续不断的发展

没有生命力的理论行之不远,而理论的生命和活力又在于人们持续不断的关注与应用。这种判断和追求,可以说对任何领域的研究或任何学科的发展都是一样的。

对于生态翻译学来说,学界的关注和应用是多方面的,除发表论文、出版著作、相关研究或列入会议议题以及安排大会主旨发言之外,主要还体现在以下两个方面:当生态翻译学的研究成果和著作面世以后,海内外翻译学界开始了多方面的评论。与此同时,为使翻译适应选择论及生态翻译学进一步完善和发展,也已相继出现了对相关理论视点和描述的再思或异议,也都从一个侧面表现出翻译研究学者对生态翻译学发展的关注、鞭策和促进。

走过十年风雨历程的生态翻译学,其发生与发展已成为一个事实,一个客观存在,并日益引起国内外广泛关注和兴趣。目前来说,经过了十年的发展,整合"倡学"、探索"立论"、拓展"创派"是生态翻译学三个发展阶段。生态翻译学研究者们近年来一直在进行刻苦的努力,不断地拓宽自己的视野,以更加广阔的见识为基础,推进生态翻译学发展的脚步,使生态翻译学在科研开发、理论建设、国际交流、基地建设和队伍整合等各个角度,呈现出良好的发展态势。

在发展进入第二个年头的生态翻译学研究,生态翻译学的观点相同的学者们将在"先国内、后国际"的发展战略之下,进而慢慢地从国内进行发展,直至发展到国外。一方面,我们将于近年内出版几部拟订的专题著作;另一方面上看来,针对国际生态翻译学研究会的性质,我们要不断努力建立和健全工作机制,对"国际生态翻译学"网站进行良好的利用。在今后几年内最主要的是人才战略储备,但这种人才战略储备是可持续的,我们会采用多种形式集中培养生态翻译学研究方向的博士、博士后研究员,从而提高生态翻译学的"续航力",促使"生态翻译学学派"得到良好的发展,进而在国际翻译学界占据有一定的地位。

第四节　生态翻译学的研究对象与方法

一、生态翻译学的研究对象

(一)生态翻译译境

一般情况下,翻译环境和翻译生态是以一个整体存在的。在特定的生态环境中,译者无时无刻不在起作用,但是译者也受其他翻译主体的制约。译入语文化规范和社会政治权力对译文有所牵制。翻译生态环境对所有翻译主体来说都不可改变、逾越,属于一个统一体。例如单单只是追求个人利益,对严格审校制度不在意、眼光局限、"借他人之手,改写他人文章"和抄袭名著名译等,这些行为都会颠覆过去的翻译生态环境的序列与翻译环境的秩序,这与翻译伦理相违背,就破坏了翻译生态环境的整体要求。

宏观、中观和微观是翻译的生态环境的三个层次。以上讨论的主要是宏观的"大环境",或是一般环境。从宏观角度看,不同国家有不同的语言政策和社会政治制度,不同的语言群体有不同的翻译政策。从中等角度看,即使是同一个国家,在翻译生态环境中,文学翻译和应用方面也不完全相同;从微观的角度来看,翻译研究的自身的内部结构,如批评、理论、应用与历史等。详细的进行说明,不同个体的翻译生态环境又有很大的不同。使用语言是语境的参考系,语言使用和语言本身不包括在内。而原语、原文和译语系统是译文生存状态,是"翻译生态环境"的要素,同时也体现了译者的生存状态。

生态翻译学的关键术语是翻译生态环境。这主要是由于在早期生态翻译学的研究中,译者文本通过翻译描述进行移植而进行了选择活动。选择活动的目的是适应翻译生态环境,翻译的过程可以被理解为译者的适应与选择,因此,原语、译语、原文所展现的"世界",即社会、语言、文化、交际,还包括读者、作者、委托者等相互关联协作的整体,这指的是"翻译生态环境"。

（二）文本生态

文本的生命状态和文本的生态环境是文本生态。在语言的生态翻译中,原始语言和目标语言是两个文本生态系统。生态系统的原始文本包含文化生态学、语言生态学、社会生态学等原始系统;译语的文本生态系统中包含译语系统里的文化生态、语言生态、交际生态等。

（三）译者

翻译的各个生态系统之间也一定要彼此相互关照,进而可以有效地相互帮助、相互促进。观照以译者为代表的"翻译群落"作为整体,翻译生态系统不仅具有关联、平衡、整体、动态性,同时生态翻译学也研究重视"人"的因素、重视译者的优势和特点。

译者在"翻译群落"生态系统中有义务管理好各种关系,承担起实现生态理性的责任,履行维护生态和谐、保持生态平衡的义务。或者是说,译者可以通过对翻译群落、文本和翻译生态环境等等外在因素承担责任,从生态理性的视角和生态整体主义检测自己和"他者"之间的关系,这样可以在翻译活动之中融入一种更大的责任意识。

（四）"三生"主题

翻译生态、译本生命和译者生存是"三生"的含义,讲的是以"生"字为线索展开研究和论证阐述,表明"生"是生态翻译学发展之基石。

生态翻译学是翻译适应选择论的继续和深化,"译者为主导"、"译者为中心"不是翻译适应选择论所选择的翻译中心。所谓"三者",顾名思义,讲的是"译境"、"译本"、"译者"三者之间的关系问题,它以"关系"为线索展开研究和论证阐述,表明生态翻译学是探讨此三者关系的"关系学"。尽管立论线索不同、观察视角各异、研究指向有别,但上述"三生"和"三者"都基于"译境"、"译本"和"译者",而这些是相通的,都是生态翻译学的核心内容和研究对象。

二、生态翻译学的研究方法

(一)矛盾法

矛盾法则告诉我们,矛盾的共性具有普遍意义,但矛盾的共性又包含于矛盾的个性之中。作为一个整体性的研究,生态翻译学相比较于普通翻译学,它是一种"特殊性的"和"个性的"的探究。因此,从方法论的角度来看,可以说,凡是适用于一般翻译研究的常规的、通用的、"共性"的方法,对于生态翻译学的"个性的"或"特殊性的"研究而言都是适合的。与此同时,在一定程度上生态翻译学与以往的研究也有很大的不同,所以,生态翻译学有其独特的翻译研究方法,这充分展现出生态翻译学的"个性"和特色。

(二)相似类比

"相似类比"是生态翻译学研究的重要方法之一。采取相似类比方法,在某种程度上具有实施性,主要表现为一定程度上翻译生态和自然生态以及它们之间存在的联系、类似和同构。研究表明,在很多层面上自然生态和翻译生态有很强的类似性。

首先,生态学强调生态环境与生物体相互影响、相互作用,而翻译生态也是如此。其次,生物与生物之间、生物与生存环境之间在自然界中彼此相互作用进而达到生态平衡,翻译生态也是如此。第三,在于不同种类的两个个体之间存在互利共生,这是一种生物间的互惠互助关系。在自然生态中,人类有目的、有意识的活动能够对生态关系或多或少的起到改造、促进、抑制和重建的作用。在翻译生态中,相同的"翻译群落"的有目的、有意识的活动也能够对翻译生态环境起到改造、促进、抑制和重建的作用。第四,相似的适用原则在两个生态体系中存在。第五,类似的现象和运作方式在两个生态体系都存在。

(三)概念移植

既然"相似类比"的方法在生态翻译学研究中运用是有根据的、可行的,那么,"概念移植"作为生态翻译学研究的另一个重要研究方法,也就顺理成章了。这里所说的生态概念移植,可以包括多个层面,既可以是生态概念的移植,也可以是生态原理的移植,还可以是生态术语的移植等。但这些不同层面的移植,本质上又都是一种生态概念的移植。

"整体思维"的哲学理念必然会作为方法论反映在中国学者的研究行为之中。只要是从生态理性、生态系统的角度重新审视翻译,那就一定要思考系统的平衡协调、关联互动与整体和谐。否则便不是生态视角的翻译研究了。

第五节　生态翻译学的发展趋势

"中西合璧"、"古今贯通"、"文理交汇"可以说是任何领域的研究者们都致力追求的目标和境界,毋庸置疑,这也是生态翻译学研究的学术追求。十余年来的生态翻译学研究在"中西合璧"、"古今贯通"、"文理交汇"的实践方面做了一些尝试。这些尝试对于沟通中国翻译界和西方翻译界学术研究起到话语纽带的作用,对贯通传统翻译思想和现当代翻译思想的研究体系,突破人文社科与自然科学的研究界限,具有一定的促进意义和示范作用。从这个角度看来,生态翻译学研究在坚持"古今贯通"、"中西合璧"、"文理交汇"的学术追求上,或许将成就学术研究。

20 世纪以来,在文学生态批评和西方生态哲学的影响下,在哲学和思想理论领域发生了由人类中心到生态整体的转型、由主客二分到主体间性转向。哲学理念的这种转向,无疑会影响到翻译理论哲学基础的选择和取向。因此,从哲学理论的角度来看,翻译理论的哲学基础正由局部适用到普遍适用过渡,由单一取向向整体取向演变。

生态翻译学的发生和发展,承载并昭示着上述理念,践行并引领着上述转变。

因为生态学对其他各学科具有统领、包容的意义,同时生态学又是以整体主义为基础的科学,所以,生态学是"元学科"。与此同时,生态学的研究方法是相互作用的整体性方法,生态取向也是一种综合学科取向。因此,从研究视域的角度来看,译论研究的视野与人类认知视野衍展的路径总体上是一致的,生态翻译学研究的视域超越了单一维度与工具理性,正在经历着由单一学科向跨学科的整合一体衍展。

翻译研究正跨越人文社会科学与自然科学刻板的疆界,走向人文社会科学与自然科学的沟通、科学与艺术的融会。因为人文的和自然的划分和界定,本来就是人为的。翻译活动是跨学科的,是各种人文的和自然的因素的"综合"。因此,翻译研究尤其需要打破学科的界线,这样才能真正回归于翻译学研究和发展的"原貌"。

翻译是人类文明发展的产物。翻译工作有着重要的意义,它已经成为中华文明与世界文明沟通的桥梁,成为促进社会进步和人类文明进步的桥梁。中华民族的伟大复兴,必须要有、也必然会有当代中国学者自己的原创性理论在中华大地开花结果、成长壮大。从这个角度出发,与时俱进的生态翻译学研究,作为翻译研究中有活力的、创新的"拓展点"和"生长点",或可能逐步发展成为全球化视域下中国翻译研究的一个走向。正是从这个角度上看,我们可以说,从生态翻译学入手进行研究,终于使中国翻译理论从"照着说"到"接着说"、再到"领着说"的发展和巨变。即使生态翻译学开始于中国,但是越来越多的国际翻译界人士已经在逐渐对此产生兴趣并加以关注,并且有很多翻译学者在跟随和参与。

第二章　生态翻译学理论的建构与应用

第一节　生态翻译学的现状

在当今国际上，彼得·纽马克在 1988 年将文化生态特征的翻译过程作为主要特征；米歇尔，罗尼（Michael Cronin）的《翻译与全球化》一书，也提出了语言"翻译生态学"理论的基础，不同语言之间的转换，翻译应保持不同语言翻译间的"健康平衡"；Michael Cronin 是爱尔兰都柏林市立大学人文科的教授，他在《翻译与全球化》的第五章中，在比较大的空间上讨论"翻译生态学"，这在翻译科学新领域可以称得上是一个重要贡献。

在国内，自 1980 年以来，经过讨论"直译"和"自由翻译"，再次出现了"翻译是科学或艺术"的论证。在这次辩论中，连续发表了很多翻译研究专著，这是改革开放 30 多年来中国翻译学科发展的重要影响。正是在这个时期，中国翻译的生态环境发生了重要变化。在翻译介绍方面，上海外语教育出版社引进出版了《国外翻译研究丛书》，基本涵盖 20 世纪的西方，特别是欧美国家的主要翻译理论：《当代翻译理论译丛》与近些年来出版的《外研社翻译研究文库》和《世界名著译丛》，这些著作都极大地丰富了中国译坛的学术思想；在翻译导读和在理论研究类方面，也涌现出大批学者和读物，如《文学翻译原理》《翻译文化史论》《西方翻译简史》《译介学》《翻译论稿》《中国翻译教学研究》《中西诗鉴赏与翻译》等等数百部作品和许多有关西方翻译理论研究的文章，从不同的角度来展示西方翻译理论研究的面貌。研究这些成果，思考生态翻译研究为人类提供了哪些有益的营养和有力的支持。

虽然生态翻译在国际翻译界引起了兴趣和关注，但在世界上并没有产生太大的影响力。目前国内的生态翻译有一定影响，越来越多的中国学者和翻译研究者开始研究生态翻译。从 CNKI 上的搜索结果来看,可以检索到 100 篇学术论文,其中大部分是生态翻译研究的应用研究,大约占 80%;少数是理论研究型的,占 20% 左右。胡庚申教授重点关注翻译研究的九个生态重点,选择论文:适应/选择、转换、译者中心、"生维"、译有所为等理论视角等命题,很少关注关联序链、生态理性、"事后追惩"等视角,这一部分的理论应用研究相对还有较大的发展研究空间。

胡教授在第一届国际生态翻译研讨会上,指出生态翻译是翻译下属的一个一般分支,至今尚未得到完全接受和批准。生态翻译学要在国内外译界牢牢地确立自身学科地位并获得长足发展,还有待更多生态翻译学研究者/学者在理论、应用研究方面,尤其是生态翻译学理论研究方面耕耘不辍。王宁教授指出,"生态翻译还有很长的路要走,翻译学者的成熟学科还有很长的路要走。在这方面,美国生态批评发展的成功经验足以参考借鉴"。

第二节　公示语与生态翻译学

一、公示语概观

21 世纪初的公示语翻译研究在文化全球化和中国深化对外开放和推动对外交流的历史背景下给国内的应用翻译研究带来勃勃生机。在中国政府和中国翻译协会等的倡导和引领之下,众多翻译研究机构和翻译研究学者积极参与,公示语翻译研究迅速掀起 21 世纪初国内译学界的学术热潮。历经众多学者近十年的不懈努力,公示语翻译研究逐渐回归研究常态。

（一）公示语的概念

这些年来,特别是 2005 年北京第二外语学院在研讨会前首次公开语言翻译,公示语这个词语与标志语、标语、标识语、标示语、标记语、标牌语、牌示语、揭示语以及警示语等术语与之共生共用,并且公共语言的定义不统一。国际标志委员会主席 Barry Gray 的定义为"The signal from a simple way to find or information about the tag of the complex communication information",国内学者阐释的较有代表性的公示语概念主要包括:

定义一:公示语——公开和面对公众,告知,指示,显示,警告,标志与生活和生产,生活和生态专业密切相关的文字和图形信息。

定义二:英语中有 public signs 一语,其中文翻译比较混乱,有公示语,标语,手语,揭示,警告等。这是一种特殊的风格,在公共场所常见,或用几句话,或使用简洁的图形解决方案,或文字和图形组合,对受众提出一些要求或引起一些关注。

定义三:公示语是一种给特定的人来观看,以达到某种交际目的的特殊风格。

定义四:公示语在公共场所显示文字,包括标志,广告,产品规格,旅行指南,社会宣传,通知等。

定义五:公示语是在公共场所对公众的公共信息内容的语言,它包括标志,口号,公告等线索。

定义六:公共语言是指文字,在公共场所展示,供公众观看,以达到特定风格的交际目的。

定义七:将以语言显示在文字中,在公共场所展示已提供字母的功能和完整的说明。具体而言,路标、广告、商品说明书、旅游指南、社会宣传、告示等都是公示语。

(二)英汉公示语的语言特点

由于中英文属于不同语言的家庭,英语公共语言性质表现出许多不同的语言特征。《现代实用英语例解》总结英文标志的五大特点:通常使用所有大写字母,不添加标点符号;字幅通常很少,至少只有一个字;语言精简,常用名词,动词或名词短语;有时使用祈使句;有时采用十分正式的文体。北竹和单爱民指出,英语公共语言广泛使用名词,动词,言语名词,短语和缩写,文本和符号的组合,现在时态,命令句,规范和标准词汇,以及一些局部色彩词强大的,形成公共英语独特的语言风格。戴宗显和吕和发更是具体地总结了英文标语的十种语言风格:第一是使用名词;第二是使用动词,言语名词;第三是使用单词和短语;第四,使用缩写;第五禁用不常见的单词必须严格;第六是文字和图形符号共享;第七是使用现在时态;第八是使用命令句;第九是规范和标准词汇;第十是简洁的话,准确的表达。丁衡祁则认为英语公共语言特征可以总结为 5C,即 Concise(简洁)、Consistent(统一)、Conventional(规范)、Convenient(方便)、Conspicuous(醒目);刘美岩和胡毅认为英语公示语的特点是简洁、明了、正式、规范。中文公示语也有其本身的特点,主要是体现文字浅显的意义,文本的合约,风格相关。根据风格,语言主要有简洁,规约和互文性的特点,打算意动和"追求力量"的特点。

形式服务于内容、目的和功能。把握英汉公示语的语言特点,有助于译者在翻译过程中有针对性地结合翻译生态环境中的相关要素就词汇选用、话语逻辑建构以及表达形式等进行选择,从而服务于符合目的语表达规范且可读性强的有效交际译文的产出。

(三)公示语翻译原则

1.传意性原则

一定的符号形式在人类的帮助下,通过媒体、信息传播给在不同的空间或时间的对象,以实现理解的意义称为沟通的行为或活动——传意。使用翻译聊天再现源语言信息的基本任务是翻译,翻译的人让读者同样的获得到原来的读者感受。要遵循传意性的原则,保证准确复制中国的语言和文化等信息,为了避免语义错误或含糊不清,才能保证翻译的实际效用。例如,"Be careful Fire",或"No Smoking and Firing",或"No Burning",或"Mind the fires"和"Keep from the fire",准确表义应该为"No Smoking or Baked Flame"。海南岛的"天涯海角"已被翻译成"The End of the World",而一些城市公交车外面的车厢"先下后上,文明乘车"就相应翻译了"After first under on,do riding with civility"或"Down First,Up Second",更让外国朋友莫名其妙了。可见,如果公示语汉英翻译违背了传意性原则,对应的英文表达不能正确而完整地传达信息,有效交际便无法实现。

2.互文性原则

互文性是法国的符号学和文本分析师克里斯蒂·伊娃用文字创作的,英语为 intertextuality。强调文本和文本之间的相互作用是指利益相关者,渗透,转移等。作为语篇的一个基本特征,互文性指的是在产生彼此交叉各种语料库的过程中的话语,文本和其他文本之间的相互影响,相互联系,以及复杂,异质的胜利。翻译与原文之间广泛存在的互文性,不考虑语篇中的互文性,就不可能对语篇进行透彻的理解,也就不可能准确地翻译为目的语。

语言要顺应交际的需要,翻译要在文本、文化、语言和思维等多个方面展开达到互文性的转换。由于英语使用者是英译公示语的交际对象,在表达上要符合英语的文化特征和语用习惯。在英译汉语公示语的时候要遵循互文性原则,中心是英语读者,借鉴英语公示语的表达规范,参照公示语特定的文本形式和语言特点,保证翻译文本的可接受性与可读性。中国对外翻译出版张晶晶副译审指出:"公共语言翻译错误归根结底是翻译者在翻译过程中没有观众,即外国人到中国访问中心位置,不是他们对翻译的思考和观点的习惯,而是从中国人的角度和翻译思维的角度"。如"油漆未干"应译为"Wet Paint"。翻译为"油漆很湿",虽然没有语法错误,但不符合互文性原则,因为这种表达方式不符合英语读写器英语公共语言表达和线性思维习惯。"请勿吸烟"也根据中文思想的形式错误地翻译成"No Smoking Please"的。虽然在汉语中"请勿吸烟"是一种礼貌用语,但是其意图是对一种不道德的行为约束,属于限制性公示语。在英文中对意图的表达是直接且明确的"No Smoking"。"No Smoking Please"中的"Please"是表达"请求"的礼貌用语,而"No"是一种强调否定的,说是严格禁止的,用"请求"的言语方式表达不允许的命令,显然是违背了互文性的原则。

3. 简洁性原则

文以简洁为贵。语言简洁明了、正式规范是英语公式语的特点。使用很多动词用英语公共语言,短语,名词,动态名词,首字母缩略词,文字,组合等标志,以便看起来简洁。英汉公示语中显著的语言特征就是间接性。至此,汉语的公示语也要遵循这一原则,直接展示提示、指示、限制或是强制的功能,从而达到有效的目的。公交车上常见的"老、弱、病、残、孕专座"译为"Please offer your seats to the seniors, children, pregnant women, the sick and the disabled. Thank you."然而基于简洁性的要求,不妨译为"Courtesy Seats"或者"Priority Seats"。正是公示语表述简洁性的要求,"Only People with special cards giving them permission are allowed to fish here."应该表达为"Fishing:Permit Holders Only","You can be taken to court and made to pay £ 100 for dropping rubbish."应该表达为"Penalty for Dropping Liter – Up to £ 100 Fine"。"司机一滴酒,亲人两行泪"可以译为"When a man mixes drink with drive, he is likely to bring tears to his wife.",改译为"Drink and Drive Costs Your Life"更为合适。英国某公园的告示"Any person leaving litter about instead of putting it in this basket will be liable to a fine of £ 5."可以简洁译为"废物入筐,违者罚款五镑"。

二、公示语生态翻译学

（一）旅游公示语

随着经济和文化全球化，旅游业发展也迎来了黄金时期而成为现代社会的朝阳产业，具有带动和促进众多行业发展的功能和作用。世界旅游组织预测，到二零二零年，中国将成为世界上最大的旅游目的地和第四大旅游来源国。近年来，风景名胜游、文化游、探险游、休闲游、生态游等蓬勃发展，现代旅游活动的食（food and beverage service）、住（accommodation）、行（transport）、游（traveling）、购（shopping）、娱（entertainment）构成的产业链组成的现代旅游活动有所增加，产业链条也日臻完善。促进旅游业发展的重要保障是开拓涉外旅游市场，所以旅游的环境显得十分的重要，旅游翻译的重要性也是可想而知。

1. 旅游外宣文本与翻译

在旅游宣传方面，文本更多属于感染（appeal - focused text），具有指导功能，信息功能和描述功能。整合适应选择度较高的成果翻译应该注重译文生态，凸显其在译语生态环境中应该体现出的文本风格和多种功能倾向读者的阅读期待。分析和研究译语国家的旅游文宣平行文本是提高该类文本翻译质量的有效方法。不同文化交际中相似的语篇类型就是平行文本。文本外部限制和文本内容限制了文本构建和分析的原理。文本构成了基本元素，包括开始，订单，文本的结构，单元的文本和结尾。

就文本结构而言，英汉文本均以线性的推进方式为主。在文本单位层面，英汉文本都以句子为基本文本单位，但英语文本以单句或复合句为主，力图以较简洁的词语和句子结构提供尽可能多的信息。

基于参照文本，英语景区外宣文本不但包括了景点或景观信息，同时还提供了户外休闲、博物馆以及食宿等相关信息，以尽可能全面地提供食、住、行、游、购、娱等综合信息。而汉语景区的文本内容仅仅局限于景观信息。因此，汉语景区的外宣文本就必须适当地采用补译以保证文本的互文性并顺应英语读者的阅读期待。

平行文本是保证译本互文性和提高译本可接受性的有效方法。同一景区多个汉语文本的信息重复现象较为严重。导致了英译文本中的信息重复和信息冗余。这就涉及同一主题文本之间的互补性问题。

基于生态翻译的重点是从语言,文化和传播层面的维度来检验公共语言翻译质量,笔者注意语言沟通和沟通的有效性(因为很少有访客注意到文化维度),主张凸显旅游注意事项,因为游客须知在一定程度上,具有旅游协约功能。

2.旅游广告翻译

现代旅游已经成为当今世界经济中最大的经济体,旅游经济的发展使旅游广告在旅游推广方面越来越重要。旅游广告服务于旅游商,为的是向旅游者宣传推销产品。旅游广告英语词汇,句法和修辞具有一定的特点。

就词法而言,广告中大量使用第一和第二人称以突出广告的劝诱意图并缩短交际双方的距离;大量使用描述性形容词以体现情感色彩并激发旅游者的旅游期待;大量使用行为动词和一般现在时态以及主动语态以促成读者做出积极反应。例如:

New Hawaii. 全新的夏威夷。

Kodiak Alaska's moat mystical isle – Kodiak Island. 科帝克,阿拉斯加最种秘的岛屿。

Visit Malaysia(Ministry of Culture and Tourism of Malaysia)到马来西亚一游。

在句法层面,广告语句力求结构简单以凸显强调功能,简单句和祈使句及省略句使用频繁。例如:

Britain. It's time. (Ministry of Tourism of UK)旅游英国,正当其时。

Yes,the Philippines. Now! (Ministry of Tourism of the Philippines)是的,菲律宾群岛。现在!

Discover Bermuda's beautiful little secret – Bermuda Island. 发现百慕大岛美丽的小秘密——百慕大岛旅游。

City of Gold (Ministry of Tourism of Melbourne)黄金之都

在修辞方面,英语广告大量采用重复、对比、韵格和比喻等以强化广告的宣传效应、客观性、可读性和表达功能。例如:

The wonder down under. (Ministry of Tourism of Aus – tralia)天下奇观。

参照英语旅游广告的词法、句法和修辞特点为汉语旅游外宣广告的翻译提供了有益借鉴。与此同时,翻译人员要充分考虑中西文化和文化差异,期待读者的愿景,高度重视广告宣传和读者的关注。

（二）交通公示语

从事客货运输以及通过行业转移的语言是交通运输,有两方面运输,属于国民经济第三产业。交通运输分为铁路运输,公路运输,水运,航空运输和管道运输五种形式,邮电分为两个,电信与邮政两个方面。一般交通可分为陆路运输,空运和海运。陆路运输:在运输的地面上行走;航空运输:在航空运输中运输;海上运输:以海运方式运输。交通标志是具有文字或图形符号的具体信息,用于管理交通和安全,列车运行规范。其中包括:禁止标识、警告标识、指示标识等等,都具有法令的性质,不论行人与车辆都必须遵守。交通公示语翻译在规范交通行为以及提供信息服务等方面起着至关重要的作用。

在高速交通标志翻译中,一些翻译没有统一的表达方式:认知度,翻译不准确、不强等,这对安全的直接威胁,影响着国家形象。根据高速路交通公示语本身的特点与功能,翻译的文本要保证信息的全部正确,表述的简洁规范,实现有效的交际作用。

翻译不准确是指公示语英汉表达语义上出现偏差或缺失甚至于错误,造成信息不对等。如"严禁酒后驾驶"是高速公路上常用的公示语之一,沪宁高速上出现的三种译文分别是 Don't drive while drinking(不要边开车边喝酒)、Driving when drink forbidden(严禁喝酒时开车)和 Don't drive and drink(严禁边喝酒边开车),而京港澳高速和连霍高速等更多地使用 No Drunken Driving 这一表述,但英语中没有 Drunken Driving 这样的表达习惯。以上四种英文表达的语意与汉语意思大相径庭,使得该公示语的强制性示意功能荡然无存。

表达各种同样声明的翻译也严重影响了公共语言规范。如"严禁疲劳驾驶"的译文,在京港澳高速和遂渝高速上分别为 No Driving When Tired 和 Do Not Drive Tiredly,沪宁高速上是 Driving when fatigued forbidden,另外还有 Don't Drive Tired,Don't Drive in Fatigue,Tiredness kills,take a break 和 Stay alert, stay alive 等多种译法。这种一语多译的混乱现象同时也污损着高速公路文化,严重损害国家的国际形象。

视认性不强是指公示语英译不够简洁。高速公路交通公示语多以英汉两种语言书写于空间有限的标示牌上,良好的视认性是其显著特点,而简洁醒目是保证视认比的重要前提,否则极有可能因为表达的不简洁而影响驾驶人的注意力,引起交通事故。而国内许多高速公路交通标志难以符合要求。如现用的"驾驶中请勿使用手机"英译为 DON'T USE CELL PHONES WHEN DRIVING,就不如 NO PHONING WHILE DRIVING 简洁明了。

高速公路的交通公示语拥有信息指示功能以及有限制、提示、强制等功能,以保证行车道路安全,所以英文的表达要简洁、互文、达意。在遵循互文性、间接性、传意性原则的同时,还要灵活的运用仿译、借译等方法进行翻译。模仿以现有的英语公共语言翻译为模型,使翻译更接近正宗的英语;借译是在翻译的时候参考已有的规范的英语公示语,是汉语公示语在英译时的首选方法。传意性、简洁性、互文性的翻译原则,再借助仿译、借译等方法,在为高速路交通公示语英译提供理论指导帮助的同时,也可以用来评测翻译的质量。

第三节 宏观视角下的生态翻译学体系

一、复杂思维、复合系统与翻译研究的"跨学科性"

（一）复杂思维

"是一种联络人文科学和自然科学、消除人文科学和自然科学之间差距的方法",这就是复杂系统的探究方法。但是"复杂性思维系统的研究方法一般是通过整体思维、非线性思维、过程思维、关系思维作为主要特点的研究事物运动规律的方法"。

复杂思维方式共有八个特点,分别是:1)当一种方法具有复杂性的时候,此时这种方法才可能发挥作用。2)可操作性原理是这种方法要提供的,这对自在思考有所帮助。3)方法是一种行动策略,并不是一种规划,逐渐地在现实的反馈中进行修整。4)时间具有不可逆性的特点,承认这一特性有助于将历史过程当作对现有事件进行解释的关键条件之一。5)注重事物的相互关联性和整体系统的认知,这个过程包括有反馈、互为因果性、随机性、干扰、滞后、紊乱、叠加、协同作用、重新定向和分叉突变等。6)注重认知对象和其所在的环境之间的联系。7)强调观察对象和观察主体二者之间的关联性原则。8)在复杂系统中承认形式逻辑具有一定的局限性,将观察中发现的逻辑困境和矛盾当作未知的现实领域。复杂的推理原则涵盖着竞争、对立和互补概念的共时性。

这种翻译研究综合了文化学、语言学、交际学、传播学、人类学、方法论知识、哲学、学科发展理论、思维学及心理学等人文社科知识,这其中包括多种要素,如源语符号系统、采取的渠道、原文作者、译者主体、源语要传递的内容、译者采用的语言符号系统、译语要传递的内容、译文的接受者、原文的接受者等等,也许翻译是人世间最复杂的事情,所以,可以使用复杂性思维范式,进而展开系统的研究。

(二)复杂系统

复杂性科学给我们提供了一种崭新的世界观。

复杂科学中复杂系统的描述性定义是:复杂系统是基于主体的本地信息的二次系统的智能自适应数量。

基于上述定义,可以理解复杂的系统:

(1)它不是简单系统,也不是随机系统。

(2)它是一个复合的系统,而不是纷繁的系统。

(3)复杂系统是一个非线性系统。

(4)在复杂系统之间,有许多子系统,这些子系统相互依赖,子系统之间还有很多协同作用,可以一起演化。在复杂的系统中,子系统分为很多层次,大小也各不相同。

由于生态系统多维度、多层次的内嵌性,同时又具有层次关系,因此,在大系统之下会有子系统,子系统之下又会有子系统。但无论是从翻译生态体系到不同生态子系统,也无论是从不同生态子系统的内部结构和内在联系到各生态子系统之间的"关联互动"关系,这里的系统设计和描述,总体的指导思想是:遵循基本生态原理,符合生态理性特征。

(三)翻译研究的"跨学科性"

最早在 20 世纪 20 年代"跨学科"一词在纽约出现,"跨学科"最初的含义和"合作研究"相类似。"交叉科学大会"于 1985 年在中国召开,自此"交叉科学"的概念在科学界广为传播。在早期阶段,人们对跨学科和交叉科学这两个概念不做细致区别。从 20 世纪 90 年代后,"交叉学科"逐渐地被"跨学科"一词所代替。到目前为止,交叉学科研究仍然属于跨学科研究的最初阶段,原因是这样的研究仍然局限在已有的学科中,而学科都是人为设置的,所以,要想研究取得进一步发展,就一定要打破学科划分所产生的界限,走向更高境界和更大范围的跨学科性的探索。

通过超越过去的条分缕析的探究方式,进而实现对问题进行整合性探索,这是跨学科的主要目的。目前看来在国际上具有一定发展前景的新兴学科大都具有跨学科性质。

大部分的传统翻译探究还停留在二元对立思维模式,基本就是围绕翻译四元素译者、作者、译本和原本而展开,同时解构主义的产生和发展促使翻译探究打破了二元对立的屏障,丰富和完善了译学的学科体系。从译论发展史全局来看,能够得出译学学科要建立和不断完善,译学研究要想发展,就必须要走向跨学科综合发展。

西方翻译学研究从 20 世纪 50 年代末至今,最终发展到了跨学科研究的新阶段,不难看出,目前为止翻译学研究已经变成多门学科研究范式的集合体。

通过对"社会↔自然界/翻译↔文化↔语言↔人类"的"关联序链"的探索,生态翻译学发现了生物自然界和翻译活动之间的关系,还有和人类社会系统相互关联、与自然生态系统的类似同构的规律和特点。这就不仅为翻译研究的"跨学科"研究寻找到了理论依据,而且也为深入翻译研究开辟了新的方向。

二、翻译本体生态系统的"科际"整合

(一)科际研究的"关联互动"

以"关联序链"为线索,"按图索骥"地展开相关研究;采用相互照应和分项研究,基本就可以对生态系统进行各相关学科探究的纵观和系统的整合。

从一个角度看来,研究生物体和生物体所在环境之间相互作用的科学是"生态学"。所以,翻译研究从生态学视角展开,翻译研究的内容会涵盖翻译自然生态系统和生态系统之间的类似性、同构性和关联性的探索;译者与翻译生态环境二者之间关系的探究;作者/读者/出版者/出资者/译评者等与翻译生态环境两个角度之间关系的探索;翻译实质/翻译过程/翻译原则/翻译方法/翻译标准等之间相互关系研究;翻译生态系统的内部结构的探索;在自然生态系统中翻译的作用和地位的探索;翻译和其他学科之间的相互关联的探索,还有从生态学维度着眼的其他的和翻译生态系统有关联的

相关探究。

从另一个角度看,基于整体主义的科学,"生态学"的研究方法注重相互关联、相互作用的整体性。所以,生态翻译学研究将采用分析例证和综合论证二者结合的方式展开探究。注重整体研究的互动关联和协调梳理分项专题探究是进行实施时的具体方法。

翻译本体生态系统具体的"跨科际"研究内容包括:

从语言学视角的研究出发,在翻译本体生态系统中,"因为语言的转换是翻译",所以,对语篇进行"生态取向"的功能/语用学/认知分析探究;语言与翻译生态的关系探究;生态语汇的翻译探究,还有从语言学维度为出发点的其他和翻译生态系统相关的探究,这些是语言学视角的研究中应当包含的。

从文化学视角的研究出发,在翻译本体生态系统中,"因为语言的转换是翻译,文化所包含的一部分是语言",所以,"生态取向"的跨文化差异/契合/冲突/制约研究;翻译生态系统的文化语境研究;翻译生态环境和文化多样性的探究,还有其他从文化学维度角度出发的和翻译生态系统有关的相关研究,这些是文化学视角的研究应当包括的。

从人类学视角的研究出发,在翻译本体生态系统中,"因为语言的转换是翻译,文化的一部分是语言;通过人类活动的不断升华总结而形成文化,而人类是自然界的一分子",所以,对人类认知演变和翻译研究;译者的欲望/情感/能力/需要研究;翻译研究和人类记忆;人类交际和翻译研究;人类文明和翻译使命研究;全球化和翻译研究,还有其他与翻译生态系统相关的研究,这些是人类学视角的研究中所包含的。

从生态学视角的研究出发,在翻译本体生态系统中,"因为语言的转换是翻译,文化的一部分是语言;通过人类活动的不断升华总结而形成文化,而人类是自然界的一分子",所以,翻译生态环境和译者之间的关系的探索;翻译生态环境和出版者/出资者/作者/读者/译评者之间相互作用的研究;翻译实质/翻译过程/翻译原则/翻译方法/翻译标准等之间相互关系研究;在自然生态系统中翻译的作用和地位探究;翻译对其他学科的依赖关系和相互关系的研究,还有其他与翻译生态系统相关的研究,这些是生态学视角的研究中所包括的。

从翻译学视角的研究出发,在翻译本体生态系统中,"因为语言的转换是翻译,文化的一部分是语言;通过人类活动的不断升华总结而形成文化,而人类是自然界的一分子";反之,又从自然生态界轮回到翻译,所以,翻译生态系统的整体性研究;翻译生态系统的最佳化研究;文化/语言/翻译/人类/自然界之间相互作用、相互协调的关系探究;生态学途径的翻译及其他比较研究,还有和翻译生态系统相关的其他探究,这些是翻译学视角的研究应当包括的。

(二)以生态为视角的综观整合

就其他各学科来说生态学具有概括、包含的意义,生态学是综合学科取向、是一门"元学科"。因此,这使得生态翻译学对与翻译相关学科的综观整合可以实施。或者是说,以生态视角为基础,进行翻译研究的整合,或是成为具有关键意义的转折、节点。

在"关联序链"的基础上具备的互动性、共通性和递进性的特征,在生态学的观照和统领之下,生态翻译学将从与翻译活动紧密相关的人类交际、语言、文化等视角进行描述、开展研究,最后进行从翻译学视角出发的研究。

从生态视角出发,对翻译本体生态系统进行"整合"',这样的整合是一种"多元一体式"的整合。它不仅仅体现了研究视角的交集和思维方式的整合,同时表现为"科际"探索的汇通。从生态视角出发,这里对翻译本体生态系统进行整合,也符合"多元一体"和"多样统一"的生态审美原则与生态理念。因为生态学本身就是"一种方法论和世界观",所以,从这个角度上来看,这一整合将会具有整体主义的方法论意义。

第四节　微观视角下的生态翻译学体系

一、生态翻译中的原生态"依归"

一个角度,此处所指的原生态是译语生态,也可以是指原语生态。在此基础上,此处所指的原生态"依归"是指依归于译语生态,也可以指依归于原语生态。

另一个角度,表现为在翻译过程中的高度异化处理是依归于原语生态;而译者可以良好地适应原语翻译生态环境指的就是高度异化处理。表现为翻译过程中的高度归化处理;而所谓高度归化处理就是依归于译语生态,也就是译者能够良好的适应译语翻译生态环境。

（一）依归于原语生态

因为译者能够很好地适应原语翻译生态环境,注重原语生态的保持,所以,一般情况下依归于原语生态促使译文更加能够传达原语的含义。

从语言生态来看,原语生态具备原文的句子结构,原文的语言形式,原作者的思想感情,原文的修辞需要,原文的写作思路,原文的文化背景,等等。

例如,《傲慢与偏见》的第一句:

It is a truth universally acknowledged, that a single man in possession of a good fortune must be in want of a wife.

过去各种翻译,如译林,人民文学,上海翻译版,都颠倒了其顺序,将真理放在后面,把真理的内容放在前面。马红军,程永生都认为,应该按照原来的顺序进行翻译:"这是一个举世公认的真理——但凡是财产丰厚的单身男人势必都缺太太",才能够最好的复制原文中的"突降法"修辞手法,保留原文先庄后谐的幽默感。这种翻译在某种程度上体现了原始生态学方法的翻译中的"依归"。

又如,Looking for a needle in a haystack.

对于这个成语,总是翻译成普通的"大海捞针",不会有人把它翻译成"草垛里找针",但下面的句子:

The Peace Commission must therefore pack its bags and return to the United Kingdom rather than cause further resentment by looking for a needle in a haystack.

如果将句中的"looking for a needle in a haystack"不进行"依归"于加工原始生态,把它翻译成"大海捞针",虽然从意义上看并不错,但从原语文化生态和交际生态的角度来看,用"大海捞针"这个成语在文章中的恰当性就会存疑。因为,The Peace Commission(和平委员会)送往英国罗德西亚舆论调查,其民意调查引起了当地人的强烈反对。非洲代表将和平议会的活动与"干草堆中找针头"进行比较,除了找不到"民意"的形象外,还有一团糟。如果译成"大海捞针"的话,这不至于引起人们的愤怒。因此,"依归"于原语生态,或者,为了适应原有生态环境的翻译,将 looking for a needle in a haystack 翻译成"草垛里找针",其"整合适应选择度"显然更高一些。

(二)依归于译语生态

因为,译者在高度适应了翻译生态环境,并且强调保持译语的生态,所以为了更好地照顾读者的阅读习惯,让译文保持可读性,就要依归译语生态。

作为翻译策略或翻译方法,以上述例了关于生态翻译中的原生态"依归"问题。上述的所谓高度"依归"于原语生态,或高度"依归"于译语生态的翻译,应该说是一种"极化"式的翻译方法。一方面,这种方法其实并不符合"翻译即生态平衡"的生态翻译理念。从这个意义上严格地讲,这种做法也不宜冠以"生态翻译"称谓之。但是从另一个方面来看,翻译依归原语生态或者是译语生态,作为一名译者为了更好地适应某些特定情况下翻译生态环境的需要,或是作为一名译者自发性地适应选择的一种手段,在处理一些文本,甚至是一些非常规的文本时,这样的做法有的时候又是适合的。

如果从文字的角度来看,生态翻译也可以参考基于原始生态学和生态学的目标语言的"文本移植"。而在"文本移植"的操作过程中,译者又可以选择"依归"于原语生态和译语生态的不同程度。因此,上述的所谓高度"依归"于原语生态,或高度"依归"于译语生态的翻译问题,说到底,还是译者基于翻译生态环境的适应与选择问题。换句话说,翻译者应该适应生态环境,适应翻译的选择,这种"选择性适应"和"适应"是生态翻译最基本的翻译方法。

二、生态翻译理念的文本"干涉"

生态翻译学的微观研究,对形成译事实施、翻译文本以及对翻译现象的解读影响和制约方面都集中在生态翻译学的基本理念当中,就是对翻译研究和翻译文本的一些的"干涉"。在微观的翻译和文本研究"干涉"研究当中,生态翻译学更着重在生态系统整体生态体系、理性特征、整合适应选择、人机翻译群落等一些不同的生态翻译视角对译事实施、文本生成以及对翻译行为或是翻译现象解释的种种制约与影响。

(一)翻译生态环境的"干涉"

"翻译生态环境"是生态翻译的核心概念之一,也是生态翻译理论体系的一个重要视角。翻译定义为:影响翻译主题发展与生存的所有外界条件的相加总和。广义的主体是指所有生物的翻译,它包含:原作者、读者、译者、翻译的发起人、赞助商、新闻、营销、编辑等。这中间还有语言文化环境,经济环境,社会和政治环境的翻译活动和外部环境等。这其中既有大环境、中环境以及小环境的不同;还包括外部环境与内部环境的差别;还有物质环境与精神环境的差异等。

以生态翻译学视角作为基础,选择用原文来适应自身心理上生态环境作为第一要义就是徐迟的译本。徐迟的翻译活动是一个重要特征,注重心理环境,需要选择翻译能够适应自己的心理生态环境的翻译,翻译方法和翻译标准,适应翻译人员和读者心理生态环境的规模。至于译者,"理想是通过作家的作品和翻译找到他们的相似处,这样的能力和更多的作家和他们的作品的共鸣,他们可以更好地再现原作者的风格"。生态翻译学认为,整合适应选择度最高的译本即会"适者生存"、"适者长存"。

类似以翻译生态环境变化影响译文选择的实例不胜枚举。在经济不断发展中的社会环境的变化是导致词语内涵产生变化的原因,翻译的方法也随着改变。例如在 20 世纪出现"外向型经济"一词,中国一直翻译的是 export–oriented economy,这本来是正确的。但是,伴随着中国经济的不断转型发展,国家鼓励和支持优势企业对外投资,不再局限于产品进出口。"外向型经济"的内涵有了变化。于是,将其改译为 global–market–oriented economy。同样将"走出去"going out,改翻译成 going global 的理由非常简单,"走出去"融合"经济全球化"。翻译的形成和整体外部生态环境与翻译密切相关。

(二)"翻译群落"赞助者的"干涉"

与翻译活动相关的、以译者为代表的"诸者"是"翻译群落"。正如文如其人所表达的含义,翻译文本受"翻译群落"的成员制约和影响是毋庸置疑的。事实上,翻译活动中涉及的人际关系对译文产生影响的情形在翻译过程中可谓屡见不鲜。

赞助者是"翻译群落"中的成员之一;而作为"诸者"之一,赞助者也会对翻译文本产生"干涉",如对要翻译/出版什么作品,如何翻译/出版一部作品等,翻译活动的赞助者往往起到非常重要的作用。

"总是在操纵着翻译活动的全过程的是赞助者。"这个词是在 1992 年由勒菲弗尔提出,对于一般情况"赞助者",译者只有一种选择,即对权力的掌握者要表示尊重,做好翻译工作,尽最大可能满足赞助者的要求,使赞助者满意。

作为赞助者,当政府、阶级、宗教集体进行文本选择时,对其思想教育意义非常看重,反面,对原著的文学地位和艺术水平的高低并不是十分在意。如果赞助者的势力强劲,那么译者就只能去努力适应赞助者的想法。政府、阶级、宗教集体对异域思想文化典籍翻译影响的一个最大特点,就是它可以阻碍或是加速翻译的进程和译作流传的广度。其中一个显著的表现就是在选择文本和翻译的过程中,不断地通过权术对译者本人进行施压,从而在一定程度上对译作思想的流传和发展进行影响。

苏联的作品和俄罗斯古典文学作品于20世纪五六十年代得到了非常广泛的译介,这种现象的产生说明了这与当时政府和政党引导、支持和帮助是不可分割的。解放初期的外文出版局,翻译工作的主要内容是对毛泽东和其他领导人的思想著作进行翻译,除此,还要翻译俄苏文学,这依据是当时的国情,那时对西方现代主义文学的翻译非常的少。

伴随着译本商业化和现代翻译的不断发展,大多数的作品已经不仅仅是根据译者的个人意愿进行表达。只有结合诸多因素译本才能够诞生,并且在准备阶段就会有很多因素在慢慢介入。翻译行为在近日更加具有目的性。翻译行为会包含普通的商业行为或者是树立形象、宣传文化、意识形态的传播。不管是什么样的目的,都会翻译前或者译本还没有完成之前对译本最终形态和译者实践产生影响。显然,在今日翻译作品正在慢慢地商业化,翻译作品最终的形态在很大程度上受资助人的影响。不管是实行改写策略,还是在同化异化中进行选择,或是尊重原著,在很大程度上都有人为的作用。

赞助者作为翻译生态环境中的要素之一,作为"翻译群落"中的一个成员,在翻译活动中赞助者的角色是非常重要的。

第五节 生态翻译学的理论应用

一、不同翻译领域的理论应用研究之一

(一)文学翻译研究

海明威在1923年写了他的小说《雨中的猫》,小说描写的是女主角想要拯救一只被雨淋的猫的前后经过,小说透露出唤醒女性意识,并且揭示:美国人在混乱的精神世界和战后的荒芜中,显示出作者对美国人民的精神状况和人类命运的关心。李洁平与吴元庆两位运用适应翻译对《雨中的猫》原文和曹庸翻译的进行了比较分析,它指出了翻译者和中心位置的主导作用,描述了适应性选择过程中的翻译者,限制了作者的动机,并讨论了翻译在文学作品中的作用。

"好了歌"在红学界始终被视为经典之作《红楼梦》的主题,体现了作者曹雪芹对儒家人伦观念强烈的不满和猛烈的抨击,为小说奠定了基础与主旋律。焦卫红等人从"三维"转换的视角对"好了歌"的两个著名的英译文——杨宪益夫妇的英译文和霍克斯的英译文进行了比较分析。研究表明,杨宪益夫妇的译文在文化维和交际维方面适应了原语文化和原文作者对原语儒家封建文化的否定和批判,但在韵律和排比等语言维度上适应原文的层次比较少,因此其整合适应选择度相对较低。霍克斯的译文在韵律和修辞等语言维度上多层次地适应了原文,在文化维和交际维方面的选择转换倾向于译语文化和译语读者,因而缺失了儒家伦理观念的否定和批判。据文章认为,"多维适应和自适应选择的翻译原理",翻译者应考虑在翻译过程中选择多维转换的适应性。这不仅仅要考虑文章,还要考虑交际,更加要考虑语言的适应性,并且还要注意这三个维度间的平衡协调与有机结合。

(二)哲学社科翻译研究

《论语》是儒家经典,也是中国文学史上最权威的经典之作,不仅对中华民族文化的思想产生了深远的影响,对世界文明也有重要影响,而且广泛传播世界。近年来国内外,随着全球化的深入和孔子的兴起,孔子经典相关研究和翻译研究必须是文艺复兴,《论语》翻译研究也使国内汉学家和研究者

越来越受到关注。山东曲阜师范大学翻译学院孙伟探讨了"生态翻译学视阈下的《论语》英译研究"。他运用生态翻译学的核心理论体系与研究方法对来自不同国度、不同历史时期 James Legge、辜鸿铭、Arthur Waley、林语堂、Ezra Pound、安乐哲等为代表的《论语》英译六译本展开系统研究。从生态翻译角度到多维度,多参数系统观和生态环境协调发展观为理论基础,把上述《论语》英译六译本置于翻译活动的宏观社会环境和微观规范环境中,探讨历史语境、文化意识、交际意图、语言策略等各种因素在翻译活动过程中的多维转换与动态相互关系。

刘艳芳老师是中南财经政法大学外国语学院的教授,她以翻译适应选择论为着眼点对新闻报道中隐喻习语的翻译进行研究。刘艳芳认为,隐喻习语是语言的精华,其内容生动活泼并富含丰富的想象力,隐喻习语在新闻报道中的使用越来越多。此处的隐喻习语的翻译不只是简单的词语之间的转换,这种翻译是中西方文化交流,是翻译工作的重点。"译者的适应与译者的选择就是翻译"是新世纪翻译适应选择论提出的新观念,这一想法和理念为翻译实践创造了一个全新的视角。刘艳芳教授尝试以翻译适应选择论为基点,研究隐喻习语在新闻报道中的有效翻译。结果显示,翻译适应选择论倡导"多维度",进而能更好地适应翻译生态环境和选择恰当的译文。如此一来就对译者提出了新的要求,要求译者可以从翻译适应选择论中的翻译原则出发,并就"翻译生态环境"进行深思熟虑,对翻译方法的选择尽可能的丰富化,以优化选择"整合适应选择度"最高的译文。

（三）应用翻译研究

在长期临床实践中,中医发明了中医病症名,中医病症名也得到不断地发展,中医病症名是中医学术体系的至关重要的一部分,中医经典文献《黄帝内经》(简称《内经》)是中医病症名称的出处,并且一直发展至今。《黄帝内经》简称为《内经》,《内经》不一样的英译本对病症词语所采取的翻译方法具有很大差异,很具有研究价值。翻译适应选择论被南京中医药大学李英照采用,并作为研究的理论指导,将研究对象指定为《内经》中的病症词语的翻译,比较不相同的译本对病症词语翻译上有哪些不同,并主要从交际、语言和文化三个角度对译者的适应性选择过程进行观察和研究。结果发现:①时代不同,译者的知识结构不相同,因此各自具备了不同的翻译特质。②音译＋注释、解释性翻译、直译、借用西医这四种方法被三个时代的三位译者采用。③根据病症名称的不同,对翻译方法的使用频率也不一致。④翻译现象被"翻译适应选择论"进行了良好的解释。

"生态翻译学视阈下的河南旅游翻译对策研究"是河南师范大学外国语学院郭英珍的研究。郭英珍指出,河南拥有数量可观的古文化旅游资源,可以被称为"国宝"级的文物保护单位就有96处,馆藏文物130万件,地下文物居全国第一。河南不仅有完美的自然景观,也拥有良好的人文旅游资源。郑州嵩山、洛阳龙门、焦作云台山、林州红旗渠都是国家级风景名胜区。2009年河南省人民政府提出了"旅游立省"的发展战略,确立了到2015年,年接待海内外游客四亿人次的目标并提出了"文化河南,壮美中原"的口号。然而,据她多次实地考察,河南旅游市场的翻译存在诸多问题,从业人员缺乏有效的理论指导。她撰写专题论文,从生态翻译学的视角对河南旅游景点的文本介绍进行了分析,探讨了中原文化译介中应遵循的原则,以期为河南旅游业发展提供借鉴。

"翻译适应选择论视角下的公示语研究"是曲阜师范大学翻译学院范敏的研究。范敏以译者对译文目的的选择和适应作为研究视角,研究得出为了适应翻译生态环境,公示语的翻译是译者对文本进行移植的选择活动。在翻译过程中公示语对不同之处是进行保留、解释或者替换,应该根据目的语读者和翻译目的做出不同的顺应,译文的选择也应根据不同的语境做出顺应的过程,从而尽可能实现双方交际的要求。

(四)翻译教学研究

近年来我国翻译学科在慢慢地产生并不断发展,相应的翻译人才培养研究和翻译教学成为关键的、紧急的任务。新兴的生态翻译学研究是否能够适应这个变化,同时在此基础上有所贡献。

上海海事大学外国语学院宋志平探讨了"翻译教学生态系统的生态译学研究"。他指出,翻译教学生态系统属于生态翻译学的微观研究,含有学科建设、教材建设、教学方法、评估测试等构成要素。整体关联是生态翻译学所认为的生态系统的关键,当整体关联作为翻译教学研究方法的指导理念时,能够发现成分之间相互联系、相互制约、相互作用,呈现翻译教学生态内部的关联内涵。从翻译生态系统角度出发,宋志平对翻译生态系统教育中的子系统进行了第一步研究,同时反思翻译的教学现状,宋志平认为生态翻译学对翻译教学改革的启发主要表现在:(1)对译文正确与否的分辨、文体效果好坏的全面赏析;(2)语法的分项讲解到实践中的整体关联是翻译技巧教学的着眼点;(3)生态翻译教学系统中的一个重要的环节就是对考核评价体系的不断完善;(4)生态译学指导下的生态视角研究;(5)以翻译生态环境为背景对翻译教材进行编撰;(6)师生之间角色关系的转换。

郑州大学西亚斯国际学院李广升教授提出了在生态翻译理论框架,构建翻译教材体系。他认为,首先以生态翻译理论中的翻译"适应与选择"理论的主题概念为基本原则,宏观上始终贯穿于教材体系建构的目标和计划的制订;微观上,覆盖翻译方法和例句等教材基本内容的组织和选定。其次,以"文本移植"、"多维转换"论为视角建构翻译教材的门类和体系。第三,以"译有所为"、"译者中心"等译者主体论为视角构建翻译人才专业品质和职业素养培养教材体系,完善翻译人才培养的内容,补足翻译人才培养内容的缺失。第四,以"整合适应选择度"、"多维度转换程度"和"读者反馈"等综观平衡论为视角评价翻译教材和人才培养的评估标准。

在生态翻译学的观照下,可以适应选择理论为指导,以生态整体主义和跨学科研究为基本方法,以翻译产业需要和学生实际水平与客观需要为导向,构建一个生态范式的全新的翻译专业教材体系。探讨生态范式的翻译专业教材在总体指导思想方面可以遵循"三原则";在总体编写思路方面可以展开"四条线";在范文选材方面可以关注"五个'性'"等。具体来说就是——生态范式的翻译专业教材在总体指导思想方面可以遵循以下"三原则":

1."关联序链",即在教材中体现对翻译性质的认知、翻译知识、翻译研究视野的拓展,以及知识生态关系,涵盖翻译、语言、文化、社会/交际、翻译生态整体等方方面面的"知识链"。

2."生态理性",即翻译教材体现:(1)注重整体/关联;(2)讲求动态/平衡;(3)体现生态美学;(4)观照"翻译群落";(5)昭示翻译伦理;(6)倡导多样/统一。

3."生态关系",即在教材中体现翻译生态、文本生态和"翻译群落""三者"生态的互联互动关系。

生态范式的翻译专业教材在总体编写思路方面可以从以下"四条线"展开:

1.翻译本体理论线索(纵向,下同),可以包括生态翻译翻译,翻译过程,翻译原理,翻译方法,翻译标准,翻译现象解释和翻译批评等的定义。

2. 翻译生态线索,即翻译的语境、环境问题,可以包括国际国内的、不同等级的、不同取向的翻译生态环境等项内容。

3. 文本生态线索,即翻译文本、译文形成的过程问题,可以包括源语系统和译语系统的语言生态、文化生态、交际生态等的移植、转换、重建、创新,以及相关生态翻译策略和方法的应用等项内容。

4. "翻译群落"生态线索,即"人"的问题、译者的问题,可以在教材中兼顾、涉及译者、作者、读者、资助者、评论者、出版者等相关"诸者",当然要以译者为代表、为主导。

生态范式的翻译专业教材在范文选材方面可以关注以下"五个'性'":

1. 材料的真实性;2. 翻译的操作性;3. 内容的实用性;4. 水平的切合性;5. 练习的针对性等。

二、不同翻译领域的理论应用研究之二

(一)翻译史/译论史研究

评价研究是翻译研究的重要组成部分。但是从翻译研究的评价生态学概念来看,这是很少的。

作为民族翻译活动历程的见证者和记忆形式,翻译史可以为翻译家研究提供有力论据和思想文化基础,同时对于特定民族文化形式的演进和民族文学传统的形成都有着指导作用。由于地理环境、文化体制、政治制度、思维方式、审美观念乃至时代的差异,翻译史呈现出鲜明的国别差异、文化差异、地域差异和时代差异。从生态翻译学理论层面上讲,形成这种差异的深层原因应该是译者从事翻译活动的生态环境差异和译者作为生态体之间的差异,因此对翻译史研究有必要采取一种整合视角。生态翻译强调翻译在特定生态环境中的适应与选择,注重翻译活动、翻译策略制订以及特定翻译现象形成的生态学范式思维基础,即"语言—文化—社会—自然"的"关联序链"各环节间的互联性和整合性。她结合中西翻译史的发展历程,从翻译历史,文字,民俗文学生态景观以及文化景观的具体历史阶段的翻译到几个方面,讨论生态翻译路径的评价研究,总结了生态翻译评价研究的特点。

对翻译史/译论史的研究要在生态翻译学的理论架构之下,同时注意使用不同的线索。例如:

1. 以"关联序链"为线索

人类认知发展的理路是"关联序链",翻译作为人类的一项重要活动也包含在内。线索确定为"关联序链",将语言、人类社会、翻译、文化、自然界等作为新视角进行扩展,可以称作是对翻译史/译论史的"重写",是一种全新的选择。

2. 以"翻译生态环境"为线索

翻译生态环境在不同历史时期并不相同。不夸张地说一部翻译史/译论史就是翻译生态环境发展变迁的历史。将线索确定为"翻译生态环境",以翻译生态的从小至大的环境为序展开,可以称作是对翻译史/译论史的"重写",是一种全新的选择。假设在生态翻译学的理论框架下对翻译史/译论史展开探究,将线索确定为"翻译生态环境",可以说是一种合适的选择。

3. 以"译者中心"为线索

译者主导着翻译活动;这个时期的不同译者思想汇聚成那个时期的思想。翻译行为的"译者中心"为线索,就是将"学派"、翻译思想和"人"作为线索。就翻译史/译论史研究来说,特别是对译论史研究而言,可以说将"人"作为线索进行研究是一个很好的选择。

4. 以"译有所为"为线索

"以译行事"或是"译有所为",不但能成为翻译行为的驱动因素,也是翻译活动的"效果"。将线索确定为"有因有果"的翻译活动,不但符合事物发展的规律,同时也符合翻译过程的现状。所以,以此为线索探索翻译史/译论史,能够出新意。

5. 以"综观整合"为线索

生态翻译学的研究方法之一是"综观整合"。生态翻译学的研究角度和学术关注点非常多,假设能条分缕析的从不同角度对翻译史/译论史进行"综观整合",显而易见,这是一项巨大的工程。但是有名言称,"最困难之时就是我们离成功的不远之日"。

(二)翻译批评研究

翻译批评在翻译中是联系理论和实践的桥梁,是译学体系的重要组成部分。

翻译批评从生态翻译学的角度进行研究,能够就具体的翻译理论视点/立论/视角等展开对应的翻译批评。

目前看来,从如下的生态翻译学"十论"对翻译展开批评:(1)应用在翻译方法的"多维转换"论;(2)应用在译者追求的"译有所为"论;(3)应用在翻译主体的"译者责任"论;(4)应用在译品生命的"适者长存"论;(5)应用在翻译生态的"平衡和谐"论;(6)应用在翻译过程的"汰弱留强"论;(7)应用在翻译标准的"多维整合"论;(8)应用在翻译行为的"适应选择"论;(9)应用在译学发展的"关联序链"论(10)应用在翻译文本的"文本移植"论等等。

生态翻译学作为较大的翻译理论话语体系,从不同的侧面/维度/视角进行翻译批评研究,可以说,取得了很高的成就。

（三）译学方法论研究

以生态翻译学为着眼点,其方法论研究大致能够分为三类:第一,常规的、传统的方法论探索;第二,生态翻译学本身的方法论探索;第三,其他方法论的探索。

各种学术范式的产生和发展,不单单呈现了人类对特定的学科领域研究的不断加深,同时也表达该学科认知视角和视野的扩展、改变。作为翻译的一种全新模式,生态翻译学的认知视野和视角的变化有共同的倾向。

在《生态翻译学方法论》中文旭教授提出,应从具体方法论、科学方法论与哲学方法论这三个层次表达生态翻译学的研究方法,同时指出如何在当今时代对生态翻译学的相关问题进行哲学思考,这具有方法论和认识论的意义。

（四）译学流派研究

所谓"流派",也称"学派",主要是指一致的思想倾向、共同的理论主张、相似的研究或相近的风格研究群体形成的派别。从国外可以看出,翻译的发展,创新理论的翻译,不同学校的产生,酝酿和发展的亲密接触。不仅达到了一定的深度,规模和成熟的科学研究标志,而且学术思想的竞争和交流平台,也是为了推动研究的进一步发展,"继承和创新学院精神造就学术大师,简明扼要的学术传统,充满个性的学术普遍性,促进学术进步具有非常重要的领导作用。"

从古罗马的贺拉斯、西塞罗以来,翻译学的学派鱼龙混杂、品种繁多。20世纪下半叶,西方翻译理论研究前所未有的庞大,跨学科,多样化的交流,交流,互相吸取教训,深入研究形式,使翻译研究的发展具有新的增长和强项。国内外对于翻译理论的推介与评价也从未间断过,大多数翻译研究可以分为:文学和艺术学校,语言学校和解构翻译研究学校。

总体上来看,中国这方面的一些研究多侧重在一般性的介绍和梳理,对其成因和特征研究不够,对中国翻译理论学派的专题研究尚属空缺。

澳门理工学院的专题研究从:(1)研究层次;(2)研究对象;(3)研究方法;(4)对现有翻译理论中翻译本质的理解视角进行分类,发现思想形成的主要原因和基本特征。研究重点是论证,阐述了中国的"生态翻译学校",具有现实与发展的原型。例如,在"生态翻译学校"的基础上,提出判断翻译理论学校的主要标准,当代翻译理论研究的基本模式。中国"生态翻译学校"为国际学术翻译中的研究提供了理论依据。

该项研究以"生态翻译学派"的个案考察为依据,提出了对翻译学派形成和判断的基本标准。研究表明:(1)学校有自己的领导;(2)有优秀的核心团队;(3)一批志同道合的追随者和支持者,并在启动阶段逐步形成;(4)对代表作品和制度理论,逐渐对学术产生重大影响,同时有自己的学术风格;(5)具有一定的学术组织形式;(6)应具有相应的学术立场和沟通平台;(7)具有社会的安全和稳定和适当的学术环境;(8)需要逐步获得社会认同等。

可以说,上述课题前瞻中国"生态翻译学派"的形成,对发展中国翻译理论和丰富世界翻译研究将具有不可低估的学术意义和现实意义。

中　篇

领略文学翻译的风格与批判学思想

第一章 文学翻译的风格与审美

第一节 作家的艺术风格

文学创作是高度个性化的艺术创造活动。作家从自己独特的角度观察和体验生活,选择他们感兴趣的东西作为材料,按照自己的审美理想和趣味对头脑中的生活印象进行艺术提炼和加工,融入自己的情感态度和审美评价,使头脑中的生活印象升华为审美意象,然后用自己独特的语言表达形式将其表现出来。在这一过程中作家的世界观、人生观、价值观和艺术审美观逐渐成熟,形成稳定的思想艺术个性,它外化为作品的风格。

李咏吟在《诗学解释学》中谈道,作家"有什么样的价值观与美学观,便会自觉地选择什么样的风格,有什么样的语言追求,便会呈现出一定的审美价值范式,创作者的'语言理想'一定与他心中的'生命理念'有一种内在的默契。"①

罗国林在"风格与译风"中,认为工作风格是作家的思想气质、文化、语言技能和积累反映了生活的基本素质。② 郑海凌在"风格翻译浅说"中指出,风格就是作家在其作品中所呈现出的"独特的精神气质和创作个性",作家风格"是发之于内而形之于外的它是由内容的本质里自然而然地产生出来的,与此同时,具有艺术追求和艺术成就的作者,是具有独特思想情感、融化和深化物质生活的作家,表达自己独特的美学认识的产物。"③张今在《文学翻译原理》中把作家风格分为精神与物质两个方面,前者指作家的形象和精

---

① 李咏吟. 诗学解释学[M]. 上海:上海人民出版社,2003.
② 罗国林.《风格与译风》
③ 郑海凌.《风格翻译浅说》

神面貌,而后者主要表现在作家所创造出的艺术意境中,指作者最喜欢使用的单词、句型、修辞技巧和艺术手法还有重复频率"。①

一、作家人格与风格的再现

影响作家风格的主要因素包括人格、性格气质、创作心态、审美理想、审美趣味等。风格是作品的核心要素,它是一种艺术格调,反映了作家思想道德、人格修养的境界。周仪在《翻译与批评》中认为诗歌有格调美,它是"人格的反映,即作家的人格和人格理想在作品中的投影",人格是指"作家的道德节操、思想作风以及生活态度的综合表现。在文艺创作中,不管作家自觉与否,总要按照自己的人格和理想去塑造形象,评价生活,也就因此表现出一定的格调美。话说'诗品出人品'也就是这样的道理。"语言在文学中具有本体论的地位,作者是"最具特色的特殊思维风格和审美风格","生命世界与精神世界的情感符号,形成语言和语言形式的意义显示了文学的特殊精神世界",语言是"权力模式显示模式与创作的作者,应该在诗意的解释学中特别注意。"②

中国传统美学常以"气"来评价主体人格,将作家审美人格分为儒家之人格和道家之人格。儒家美学追求主体的浩然之气、骨气和雄气。唐朝诗人王勃在《山亭思友人序》中认为大丈夫"得宫商之正律,受山川之杰气",提倡"气凌云汉,字挟风霜";陈子昂提倡骨气,其诗风"骨气端翔,音情顿挫,光英朗练,有金石声"。儒家美学强调主体养气,孟子说:"我善养吾浩然之气","其为气也,至大至刚,以直养而无害,则塞于天地之间"。蒲震元在《中国艺术意境论》中认为养浩然之气是中国传统文化中的一种理性精神,"促进人类不屈不挠的战斗精神""追求崇高的道德生活境界"。儒家的理想人格是圣人、君子和美人,孟子说:"可欲之谓善,有诸己之谓信,充实之谓美,充实而有光辉之谓大,大而化之谓圣,圣而不可知之谓神",提出"善、信、美、大、圣、神"的人格理想。《中庸》里说:"淡而不厌,简而文,温而理,知远之近,知风之自,知微之显,可与入德矣。"

杜甫是儒家审美人格的典范,张戒在《岁寒堂诗话》中评价说:"诗文字画,大抵从胸臆中出。子美笃于忠义,深于经术,故其诗雄而正。"宋朝张方

---

① 张今.文学翻译原理[M].开封:河南大学出版社,1987.
② 周仪.翻译与批评[M].武汉:湖北教育出版社,1999.10.

平在《读杜工部诗》中写道："杜陵有穷老,白卷惟苦吟。正气自天降,至音感人深。昭回切云汉,旷眇包古今,"下面是杜甫的《登楼》和许渊冲的译文:

> 花近高楼伤客心,万方多难此登临。
>
> 锦江春色来天地,玉垒浮云变古今。
>
> 北极朝廷终不改,西山寇盗莫相侵。
>
> 可怜后主还祠庙,日暮聊为梁甫吟。
>
> It breaks my heart to see blooming flowers near the tower.
>
> The country torn apart, could I admire the flower?
>
> Spring comes from sky on earth and greens the River Brocade;
>
> The world changes now as then like white clouds o'er Mount Jade;
>
> Our royal court like polar star remains the same,
>
> Though the foe from the west borders put our land in flame.
>
> I'm sad to see the temple of the conquered king,
>
> At sunset in praise of his minister I'd sing.

原诗为诗人寓居四川成都时所作。在杜诗中登楼远眺、伤古悲今是常见的主题,最为诗界称道的是《登高》,这首《登楼》也是一首佳作。诗人经历了"安史之乱"的磨难,颠沛流离来到四川寓居,他关心国家的命运,牵挂人民的疾苦,登楼远眺,思绪万千。四川被誉为天府之国,安宁祥和,景色宜人,但诗人忧国忧民,无心欣赏美景。诗人感叹唐朝统治者依然昏庸腐败,同时义正词严地警告北方外族部落不要入侵我土。诗人以蜀国软弱无能的刘后主来暗喻当今昏庸无能的统治者,并表达了对昔日名相诸葛亮的仰慕之情。

二、作品语言风格的再现

文学创作具有鲜明的个性化特色,首先作家从自己独特的视野来感受生活,从中选取自己感兴趣的若干片断作为创作素材,然后作家按照自己的审美理想和趣味对头脑中的生活印象进行艺术提炼和加工,使其升华为审美意象,它融入了作家的情感态度和审美评价。在语言表达阶段,作家在作品的遣词造句谋篇上表现出自己的语言风格。译者阐释原作风格首先要对作家的思想艺术个性进行全面深入的研究,在此基础上从语音、词汇、句法、篇章等层面对原作语言进行分析,把握作家的语言风格。同时,译者要充分发挥自己丰富的想象力,与作家(原作人物)进行深刻的移情体验,在脑海中再现出原作的画面、原作语言所描绘的场景,把握作家在刻画形象和表现意境上的风格特点。陈西滢在《论翻译》中谈到了翻译中的"形似、意似、神似",其中意似就是"比文字翻译,并且恢复其光灵精神,活泼的回报它活泼,有趣的回归它有趣,伟大的返回伟大……他不得不问,作者的特殊个性是什么,原来的特殊风格在哪里。具有这种理解的翻译者,可以把自己的个性摆脱出不相容的一面,像透明的玻璃一样,原来的一切都反映出来"。

就语音层而言,文学作品的音美与意美融为一体,起着刻画形象、传达思想感情、烘托气氛的艺术功能。英国诗人雪莱的诗歌节奏鲜明,音节响亮,音韵优美,富于气势。刘守兰在《英美名诗解读》中认为雪莱的抒情诗富于"优美的意境、奔放的激情、细腻的刻画和强烈的音乐感。译者要善于识别原作语音层的风格标记,力求通过译语将其再现出来。下面是英国诗人勃朗宁的 Pipa's Song 和何功杰的译文:

The year's at the spring,

And day's at morn;

Morning's at seven;

The hill – side's dew – pearl'd;

The lark's on the wing;

The snail's on the thorn;

God's in His heaven—

All's right with the world!

一年正逢春,

一天正逢晨;

上午七点钟;

山腰露珠重;

云雀展翅飞;

蜗牛角伸长;

上帝在天堂——

世界万物均无恙!

原诗表达了诗人对大自然和上帝的赞扬。全诗共八行,每行包含五到六个音节。前七行 The year's at the spring/And day's at morn/Morning's at seven / The hill – side's dew – pearl'd / The lark's on the wing / The snail's on the thorn / God's in His heaven 的系表结构组成排比形式，at the spring, at morn, at seven 描写时间，on the wing, on the thorn 描写地点，既整齐划一，又富于变化，节奏轻快活泼。末行 All's right with the world！诗人感叹世界多么美好。何译"一年正逢春，一天正逢晨；上午七点钟，山腰露珠重；云雀展翅飞，蜗牛角伸长"每行五个汉字，包含两顿，节奏齐整。动词"展翅飞"、"伸长"将原诗介词结构 on the wing：on the thorn 化静为动。

就词汇层而言，文学作品的词汇能够刻画意象，表现意境，传达意蕴。李咏吟在《诗学解释学》中指出，作家"话语风格的个性化往往是通过特定的用词习惯、句法构造、意义构成和审美情调来表现的"，一个风格成熟的作家有自己的"话语领域、情感领域、形象领域"，其作品的词语富于"弹性效果"，表现出"空灵凝重的美学意蕴，特殊的句法韵律效果，语词勾画形象的逼真生动性"。译者应从原作整体的语言结构和艺术效果出发，对原作的每个字、词认真分析和揣摩，领悟其思想情感内涵。译者要善于识别原作词汇层的风格标记，力求通过译语将其再现出来。①

就句法层而言，作家不仅在作品的用词上精雕细琢，而且在词与词的搭配与连接上也精心构思。李咏吟在《诗学解释学》中谈道，文学创作是"通过充分的话语表达与自由句法去捕捉思想火花，还原生命情感，表现人生情景，描摹想象情状的过程"，作家"通过一个句法，一种语境去描摹一种情调，勾勒一种思想。语词在情调中生动地展现自己，在句法中自由地表现自己"，"当一个自由句法破口而出，信手书写而成，且具有独特的韵律效果又能自由地表达主体性情感与思想时，作家发现自己的"创作色调'"。有的作品语言空灵，清丽婉约，其句法追求"简洁性和灵动性"，"比较自由缠绵，每个语词都富有色彩质感和抒情灵性"；有的作品质朴自然，刚健清雅，其句法追求"单纯性、简单性"，每个语词都显得铿锵有力，思想具有一种穿透力；有的作品强调沉雄思辨，"尽量用思辨句法倾诉，使文学话语表达蕴涵着一种理性沉思的特性"，其句法繁复难解，"叙事抒情意象热衷于巨大事物，语调激昂，沉郁顿挫"。②

①　李咏吟. 诗学解释学[M]. 上海：上海人民出版社，2003.
②　李咏吟. 诗学解释学[M]. 上海：上海人民出版社，2003.

第二节　译者的艺术风格

译者作为翻译主体并不是冷冰冰的翻译机器,而是有思维、有感情的生命个体。他有自己的世界观、人生价值观、审美观、语言观,总是从自己的社会阅历、生活经验出发,按照自己的审美理想和趣味对原作的意象(人物形象)和画面、思想感情内涵、语言风格做出个性化的判断和评价,在译文中译者不可避免地要留下自己语言风格的印记,所以翻译是要重现原来的风格,也在一定程度上显示了译者的风格。

文学译作的风格具有时代性和个人性:一方面,产生于特定时代的译作受该时代的意识形态、诗学观、审美标准等因素的影响,其译风带有该时代的印记,翻译研究人员"通过比较不同时代的美学研究,可以发现随着时代的演变,国家文学的变化和语言发展,也可以观察到同一作家给不同时代的人的不同印象;另一方面,文学翻译是译者主体的艺术再创造,文学译作必然会反映出译者的风格,尤其是翻译名家的风格能给译文读者留下深刻的印象,比如晚清翻译家林纾的译文"文学渊雅,音调铿锵"。

一、译者的审美趣味

作为主要艺术家的翻译有自己独特的审美品位,作家和作品的选择,倾向于在类似作品的生活经验和艺术美学中选择与自己相似的东西。译者被原作所深深吸引,产生浓厚的审美兴趣,就会与作者、原作人物产生强烈的思想和情感共鸣,内心深处就会产生一种无法抑制的冲动,想把自己所体会和感受到的传达给其他读者。译者对原作"知之、好之、乐之",才能使译作让译语读者"知之、好之、乐之"。优秀的翻译家都不是那种无所不译的全才,而是专门从事某一作家作品翻译的专才。一个去译约瑟夫·康拉德的小说或奥尼尔的戏剧的人,如若自己心中对海洋没有深刻、亲切的感受,他的作品也不会真切。一个译曼斯菲尔德的人也应具有一颗精细、缜密的心。在《本色与变相》中翁显良说:"翻译就像原来的一样,必须将翻译的气质和经验与作者有相似之处,否则无法与作者有一致的梦想。"①从傅雷的观点看,"选择原作就好比交朋友,有的人始终与我格格不入,那就不必勉强;但有的人和我一见如故,甚至是相见恨晚"。——《翻译经验点滴》

译者的审美趣味包括社会因素和个人因素。在社会因素方面,在《翻译的忠实概念》中,法国学者阿尔比说,翻译者不仅应该是"他属于语言限制的时代,而且也是一些语言哲学,政治观点,限制等审美因素,使他倾向于拥有这种翻译方法"。清末民初的翻译家梁启超把翻译当作一种社会革新的工具,其译介活动旨在唤起民众,所以注重传达原作的思想观念,以译意为主,正如他在《十五小豪杰》译后语中所说:"英译自序云:用英人体裁,译意不译词,"由于梁启超的社会影响,这种译法成为时尚。在晚清,小说翻译者期望翻译的四个方面:一个是"切换到中文名称,地名,容易阅读记忆";二是"改变小说风格,甚至准备内容适应小说读者品味";三是"删除"无关的情节;四是"翻译补充——翻译的很多话题,原来没有找到。"

在个人因素方面,翻译者作为主体,"个人因素不自觉地影响到他的翻译","他的认知结构,他的情绪,语言能力、感情素质"在翻译过程中都拥有着巨大的作用。有些译者采用释意法"解释了句与句之间的关系,明确表达了其中所隐含的信息;甚至改变了句法",关注"对整个文本的理解,忠实于意义";一些翻译"限于原文的字面含义和句子结构"只关注"原来的词汇和结构,忠于语言",采用字面翻译的方法。"相同的文字翻译,翻译者可能会持有文字研究的目的,也有可能引入新的文学形式和表达手段,目标不一样,自然的效果不一样"。梁启超是学者型的翻译家,精通日语,他对欧美政治小说的汉译重在传播知识,政治目的性很强。文学翻译先驱林纾是作家型的翻译家,更多的是按在翻译中是由王寿昌等人口述原著的内容,他负责笔述,这种译述夹杂着创作的成分。

二、译者风格与作者风格的关系

在文学翻译中译者往往优先选择与自己风格相近的作家和作品,但译者有时也会身不由己,必须面对与自己风格迥异的作家和作品,因此必须处理好自我风格与作家风格的关系,不能喧宾夺主,过分表现自我风格,而应

---

① 翁显良.本色与变相——汉诗英译琐议之三[J].上海外国语大学学报(外国语),1982(1):24-27.

以再现作家风格为主,使译作尽可能贴近原著风格。罗国林在《风格与译风》中认为翻译者应该适当地抑制表现欲望,"永远忠实于原创,谨慎自觉地利用原有的纪律,不要让自己的个性压倒原有的特征,而应该最大限度地抑制乃至隐藏自己的个性,使自己的个性服从于原著的风格"。许钧在《关于翻译的"风格"》中认为译者"不能只管自己的'个性'的流露,只顾自己'个性'的展现,不分场合,不分对象,不顾原作的氛围,不顾原作者对美学的研究不顾对自然的原始风格和对自然生态的自然语言的深刻理解。若有本质的冲突,如译者风格与作者风格的冲突,译者的本质流露越自然,就可能越与原作风格格格不入"。周仪在《翻译与批评》中认为风格是"每一位艺术家,包括翻译者,当然可以达到最高境界,一旦他们的实践形成,将是艺术活动的灵魂。在复制别人的作品时掌握这些风格,不要故意掩饰自己的风格,或者让自己的风格像隐藏在艺术活动中。他们的风格,都是自然而然,透露出明确的知识",翻译和作家的风格应该是"平行相称,协调一致"。

张泽乾在《翻译百论》中认为译者风格是"表现作者风格的风格,二者既有共性又有个性。翻译水平越高,翻译人员的风格是生动的,翻译的风格更加生动"。在翻译史上凡是名家名译都表现了译者鲜明的风格,是"译"和"艺"的融合。译者力求忠实于作者和原作,但他必须充分发挥主体能动性,必然会把自我个性投射进译作。谢天振在《译介学》中指出文学翻译是创造性的叛逆,其创作表明,翻译者"在自己的艺术创作中可以更接近地重现原作,主观的进行努力",叛逆反映了"翻译过程中为了达到一定的主观愿望,翻译原来的客观偏差"。郭著章在《翻译名家研究》中认为鲁迅翻译日本文学作品,其译风如同其文风一样简洁凝练,既再现了原作"细腻的笔触",又"不失表达上的优美与流利",读来耐人寻味。

作家型翻译家在翻译过程中往往有一种表现欲望和创作冲动,他必须适当控制这种欲望和冲动,防止把翻译变成创作,用自我风格替代作家风格,刘宓庆在《翻译的风格论》中强调译者应使"翻译与原文的对应,力求'适合'的风格,目标语言应该适应原始风格,尽力做到'增一分则太强,减一分则太弱'"。

文学翻译是积极的富于创造性的艺术活动,译者自我个性的表露不可避免,对其刻意压制是不现实的,也是不可取的。译者如果完全放弃自我风格,就会变成毫无生气的翻译机器,其译作必然苍白无力,味同嚼蜡。译者要擅长于将自我风格融入进作家风格中去，并在凸显出作家风格的同时将自我风格暗藏在译作的行间字里。罗国林在《风格与译风》中认为译者在原著面前"不能做一名奴隶，捆住自己的手脚，字字照搬原著的形式，而应该发挥自己的艺术创造才能和一定的自主性，进行美的再创造"。译作风格是一种混合体，既反映了原作风格，也在一定程度上透射出译者风格。

三、译者对原作风格的再现

在文学翻译中译者既要忠实再现原作和作者的艺术风格，又不可避免地要表现出自己的艺术风格，但再现原作风格是译者的首要职责。译者要再现原作的艺术风格，必须全面深入地了解作家的生活经历、创作生涯、世界观、社会观、人生价值观、艺术审美观、语言观，把握其思想艺术个性，剖析原作的语言结构，从语音、词汇、句子、篇章等层面把握作品风格。刘士聪在《汉英·英汉美文翻译与鉴赏》中认为风格是一种持久的吸引力，通过"声音节奏，艺术观念和气氛，个性化话语方式"的工作。译者要知人知言，必须深刻认识和了解作者，把握其内心世界，通过移情体验达到精神的契合，认真剖析原作，从语言、意象、意境等层面来准确把握作家风格。对作家的作品和其为人处世的性格要有深刻领悟和了解，并且越透彻越好，作家在写作时是以其思想和情感做主导，译者通过了解作者和研读作品后，在翻译时也要将自己处于与作家大体相同的思想和情感状态中，这是使译文"神似"的首要条件。

郑海凌在《风格翻译浅说》中认为，翻译是翻译原始风格的总体把握的关键，"具体到一个文学作品，翻译必须首先通过原来的语言，深入理解和实现原创作品的意图，思想含义，情节结构和人物形象，艺术手法和语言特征，特别是作者艺术追求的经验和原有的'艺术观念'，'文气'，找原作者的'声音'。整体把握原来的风格，然后从整体理解和经验的角度对原有的地方因素，如修辞特征，语法结构和词语无意义。许多人的经验表明，整体把握原来的理解风格和经验，原创艺术创作过程有时可以刺激翻译者的灵感，引起翻译和作者共鸣。"风格翻译是文学翻译的最高境界，并将原创风格转化为文学翻译，"翻译过程中的翻译者应该了解原有的风格，擅长捕捉可以反映原始风格的最独特的标记，然后根据这些独特的印记选择适当的语言表达和复制。"

作家鲜明独特的艺术个性外化为作品风格,构成作品艺术价值的核心要素。译者要再现原作艺术价值,就必须使译作在风格上与原著一致;刘士聪认为重现原始风格,关键是重现单词的个性化方式。"当我们翻译作家的作品时,通过他的语言翻译可以重塑他的气质","以不同作者表达的语言特征表现出翻译风格的另外一面,翻译者必须由研究作者开始,研究作者精神气质,思想观念,审美趣味。因此,纯粹的研究翻译技巧还不够,只有从根本上了解作者,翻译才是非常重要的"。

第三节　译者的审美感知与想象

一、文学语言的形象化特征

在文学翻译中译者审美体验的直接对象是原著的语言,它是作家艺术创作的产物。艺术形象的塑造,作家体验生活是文学创作的核心任务。积累了生活的感性印象,恢复艺术,可以让美学形象升华。

龚光明先生在《翻译思维学》中认为文学世界是"世界的艺术形象,是作家和艺术家自己的视角,人们对现实世界视而不见,凭借美学形象和价值体验创造了另一个世界。艺术世界是一种伪装形式的审美现实"。文学是美学形象和艺术形象,传达思想感情(内容)和作家,用来代表有机整体思想感情的审美形象、艺术形象和语言符号(形式)。苏联文学家高尔基认为文学是"使用语言来塑造形象,并使用典型的字符,使用语言来反映真实事件,自然场景和思维过程"。

文学作品的语言是为表现审美意象(艺术画面)和作家(作品人物)思想感情服务的,作家用语言文字塑造审美意象,描绘出一幅生动形象的艺术画面,来表达自己的思想感情。文学创造的语言会让读者有强烈的感觉包括(视觉、听觉)印象,在其脑海里唤起一幅惟妙惟肖的艺术景象,读者能感觉使之身临其境。苏珊·朗格在《艺术问题》中认为"艺术中使用的符号是一种隐喻,一种包含公开的或隐藏真实意义的形象;艺术符号是一种终极的形象——一种非理性的形象,不能用言语表达,一种诉诸直觉的形象,充满情感,生活和富有个性的形象,一种诉诸于感觉的活的东西"。文学语言象征性,不像其他艺术作品那样直接,语言本身就是一种抽象的符号,不像绘画中的线条和色彩、音乐中的旋律和曲调那样能够直接被观众的眼睛和听众的耳朵感知到,但它富于暗示性,能够激发读者的想象力,在其头脑中唤起一幅生动优美的艺术画面。在文学创作中作家善于运用"通感"手法使作品意象的视觉、听觉、触觉、嗅觉、味觉等不同的感觉互为联通,融为一体。

二、译者的审美内在感知

文学作品所表现的审美意象和艺术画面只是潜在于语言文字符号中,因此译者欣赏原作语言的意象美,主要依靠"内在感官",它不同于欣赏绘画和音乐所需要的外在感官。译者运用"内在"视觉、听觉等去体会原诗语言的意象美,充分调动艺术想象和联想,在头脑中再现出原作语言所表现的"轮廓化图像",郭宏安先生在《二十世纪西方文论研究》中指出:"通过图像的实现,直观性由性能对象大大增强,其图像变得更加清晰生动,好像直接出现在读者面前,读者可以直接'看到'对象,'听到'它们的声音。"陈新汉先生在《审美认识机制论》中认为审美观是心理活动中的"积极",含有"感知,想象,理解,情感交错融合的诸多因素"。[1] 欣赏原版翻译需要清晰的审美感,俄国学者别林斯基认为诗歌文学读者应该具有"敏锐的感觉,强大的美国文学印象",李国华先生在《文学批评学》中认为审美感受力是"通过审美对象的审美特征和意义,在感知,想象,知识解决等过程中综合的多种感觉能力形成了特殊的审美体验",它包括语言感受力、艺术想象力等。著名作家王尔德认为文学阅读者应具备"高度的审美感和美感及各种敏感",诗人艾略特谈道:"不要直视印象,吸引我们注意这首诗,后来也不可能使我们感到震撼。"

在译者的审美感知力中内在视觉尤为重要,译者要善于把握原作的图画视觉美。龚光明在《翻译思维学》中认为文学语言是一种"表达与内容统一,形、音、义同步的透义性符号实体",它具有"语象造型作用"。"由于文字的音、形、义的统一,符号语言本身就具有语象创新性能,它能让经由主体的设想和虚构自由地进行幻象创造,根据艺术构思的需要营造出一个虚拟的艺术天地。这种虚拟的语象造型正是作家语言能力的神奇功能,也是审美

---

① 陈新汉.审美认识机制论[M].上海:华东师范大学出版社,2002.

感知——视觉、听觉、味觉、联觉等协同运作的功能外现。"译者感知原作需要"视觉思维",他首先要把握作者的"心灵视觉",在头脑中再现其叙事空间,然后通过译作将其再现出来,这是一个"视界交融"的过程,"翻译视觉的再现与表现须以仿真为指归,追求一种心灵视觉的绘画美。"诗歌的绘画美追求"由深度视觉所虚拟的四维时空的构建,因而诗歌的绘画结构的构建更富于创造性想象的余地,更须有'意匠经营业'（Design）",译者"所需类似影视的深度感是一种独特的内心体验",是一种"特异的绘画艺术知觉形式"。文学语言的绘画美包含了"线条美"、"色彩美"、"构图美"等,译者应根据原作绘画美的特点采用相应的审美知觉体验方式。王明居先生在《模糊美学》中把主体的审美知觉分为"向心型"、"辐射型"、"曲线型"、"直线型"、"点状型"等类型。阿恩海姆也谈道:"中国山水画的无限空间,在画面上,它瞄准了视线的目标,但眼睛看不见。而透视中心的无限空间在一个有限空间的精确位置对自我矛盾的呈现。这个精确的位置就是它的聚焦点。

译者表达原著时面对的是一个艺术变化了的文体语言,其不会直接影响译者的外在感官。译者欣赏原著时必须充分运用"内在感知",才能在头脑中将原作的语言文字转换成生动逼真的艺术画面。译者的"内在感知"（审美想象）是再造性的,有别于作家的创造性想象。叶纪彬先生在《艺术创作规律论》中认为艺术想象力是"通过感觉,感知,表征,记忆,思维等心理过程处理认知活动,创造出新的形象艺术",能够"改造老外观,建立新的,独特的,充满艺术形象的"。作家利用美学感觉（视觉,听觉等）感受五彩缤纷的世界,积累人心的感官印象,再利用美学的想象力和艺术"变形"的传奇,使其升华为审美意象,最后将孕育成熟的审美意象"外化"为一种语言文字符号。在文学翻译中译者发挥再造想象,寻求唤醒美学形象和艺术形象的心灵,作家们将图像中的审美形象和艺术观念相似或相近。

译者欣赏原作的意象（形象）美需要意象（形象）思维。文学作品的意象包含了文化原型意象,其中又包含了不少神话意象,如屈原、李白、李商隐的作品。李咏吟先生在《诗学解释学》中认为神话是一种具有"可扩展性思维和精神,一种隐含价值对象的诗学",它本质上是一个"诗意",因为诗歌"是一首生命之歌,神秘的预言,神话具有诗意的特征,使这首诗本身呈现出神秘而深刻的精神状态"。神话与诗歌"产生于自然的想象力,神话中包含在美丽的诗中,传递出神话般的美妙故事,人们享受天地,万物皆有无限的神秘之乐"。在文学创作中作家善于运用神话思维来创造神话意象,神话思维的"不确定性的增强有助于人们对诗人所表达的思想进行扩展性理解,与此同时,神话思维还使确定性情感与意义的理解之间人为地附上一种'思想保护膜',促使人们在理解作品时总能体会到原作有一种永远无法把握、永远无法说清的神秘感,这样更能体验到生命的神秘冲动和想象的无限自由"。

三、译者审美感知和想象的深化过程

在文学翻译中译者的审美感知、想象和联想是一个逐步深入的体验过程,这种特点取决于文学作品结构的多层面性。英迦登在《论文学艺术作品的认识》中将文学作品分为四个层次:语音层、意义单元层、被表现的对象层和轮廓化图像层。中国传统美学认为文学作品的意境是一个复杂的意象结构,王夫之认为意境包含"有形、未形、无形"三个层面,"有形发未形,无形君有形"(《唐诗评选》),王昌龄在《诗格》中指出:"诗有三境:一曰物境,二曰情境,三曰意境。"宗白华先生在《中国艺术意境之诞生》中认为意境包含"直观感相的模写"、"活跃生命的传达"和"最高灵境的启示"三层。胡经之先生在《文艺美学》中也把意境分为:"境(象内之象)",即"美学对象的外部对象或艺术形式的墨水和语言形式的可见,也在对象中重新创建实体的一部分";"境中之意(象外之象)",即"审创作和美学欣赏主题的情感表现和对象现实场景以及图像融合的作品";"境外之意(无形之意)",它"代表中国人对宇宙的认识",构成"中国艺术家的生活哲学思想和灵性的艺术观念",是"道、气、无"的统一。刘运好先生在《文学鉴赏与批评论》中认为文学作品包含三个层面:表层是"物境",是指作品语言的"型构、韵律、节奏、外结构等外在形式之美",它具有"鲜明的质感和审美直接性的品质"。作品的中间层面是"情景",指的是通过"形象"和"作品"渗透到美学情感创造者的作品,描述了"直接意义"变化中所体现的经验,经验丰富。"艺术观念"是工作的最高水平,作者是"借鉴巧妙的艺术形式进入这个场景,虚假或真正的统一,可以深刻的宇宙生命或生活真正的诚命,使审美主体超越身体的感性混合思想、内容,我现在转移到这种艺术的无与伦比的广阔空间"。文学作品艺术结构的多层性决定了读者阐释活动的多层性。[①]

---

① 刘运好.文学鉴赏与批评论[M].合肥:安徽大学出版社,2003.

译者通过"畅神"、"妙悟"对原作"听之以气",力求把握其"美学非表象要素"。张柏然先生在《译学论集》中谈道,译者运用抽象思维"对作品中的概念意义加以认识",运用形象思维"体会艺术的内容",既"理性地认识作品的形式结构——语言",又"凭借直觉感悟作者的审美心理,捕捉非表象因素",这些非表象因素需要译者"心的体悟,这就是艺术语言的意会性",译者要善于"意会"原作语言中的"运动"、"'言'外之'义'"、"'言'外之'韵'"。译者的审美感知体验不是从表层到深层的单向过程,而是从表层到深层,然后又回到表层。"妙悟"是一种深刻的生活经历和生活感受。在阐释作家艺术生命和人性本质的过程中译者的感性体验和理性认识逐渐深化,译者重新审视和认识了自我。胡经之先生在《文艺美学》中谈道了文学欣赏活动的生活经验和个性重建,"真正的文艺欣赏,绝对不是肤浅的搜索获得作品的主题","而是以完美的光辉和整体深刻的感受,深入到作品的艺术观念气氛中,作者的灵魂和读者在宇宙中对话的永恒节奏,在一个灵魂的心灵之间默契的理解","真正的艺术观念,可以给观众带来双重感应:放弃所有的解读和阅读经常改变理解。一切伟大的诗都是直接诉诸我们的整体:灵与肉,心灵与机能的。它不仅使我们获得美学欣赏,而且引导我们把握宇宙和生命的意义。而所谓获得,也直接诉诸我们的感受和想象力,使我们所有的个性极具影响力。"

第四节 文学翻译学的文化论

一、译者的文化阐释

文学翻译是跨文化交流活动,文学作品具有文化内涵,文学翻译应再现和传达原作的文化内涵,文学翻译学研究应包含源语和译语的文化比较。文化这个词本身的内涵就十分丰富,文化学家泰洛尔认为文化是人先天和后天所得到"心灵的建构和观念",包含"态度、意义、情操、情感、价值、目的、兴趣、知识、信仰"等。英国人类学家泰勒认为文化是一个"综合整体,包括知识,信仰,艺术,法律,道德,习俗和人民作为社会成员和任何其他能力和习惯"。萨莫法尔认为文化是一种"沉淀,是知识,经验,信仰,价值观和态度,指的是社会阶层,宗教,时间观,社会功能,空间概念,宇宙学和物质财富积累的方法,结构等。"它被视为"语言"和"行为"的模式,"共同生活的参考和限制在物质存在中起着重要的作用"。作家和译者进行翻译与创作是在一个特定的社会及文化环境中进行的,他们将民族文化思想与观念融合在自己的原作和译作中,使作品具有艺术价值。文化比较是文学翻译研究的一个重要部分。

翻译研究者应当提高自己的文化底蕴,将文化比较提升到文化诗学的一个境界中去,减少与原作和译者之间的差距。文化作品不仅展示了一个国家的文化心理,也体现了世界观的国家特色,生活观念和价值观,也具有国家审美风格,思想结构与语言交流的结合等。

西方原型批评理论强调深度民族文化心理学的原型,著名学者荣格在《集体无意识和原型》中认为国家文化心理原型是集体无意识的,是"我们古代祖先在生活中一次又一次体验到的心理沉积物"。弗莱在《批评的剖析》中认为原型是一种象征,它"与另一首诗相连,是一首有助于我们文学融合的诗歌"。

文学语言是一种文化符号,作家不仅通过具体的词语来传达一定的文化内涵,而且通过作品整体来传达一种总体的文化寓意。评价译作,要看其在多大程度上传递了原作特定词语的文化含义和原作整体的文化内涵。刘宓庆在《文化翻译论纲》中认为作品整体的文化解读必须"以语义文化诠释为基础,两者关系极为密切。"

二、文化翻译的原则和方法

在文学翻译中源语文化与译语文化间的相通之处构成了跨文化交流的基础,而两种文化间的差异则给跨文化交流带来一定的障碍。中西文化在宇宙观、认识论、审美观、文化价值观等层面既有相似之处,这是两种文化交流的基础,但也存在差异,它给译者忠实传达和译语读者准确理解原作的文化内涵带来一定的困难。翻译作为源语言和目标语言文化的交流桥梁,面临如何克服两种文化差异,实现文化交流的问题。

译者要处理好异化与归化的关系,需要正确认识源语文化与译语文化的关系。译释文学是一种跨艺术文化交流活动,不同文化通过翻译的手段相互领会熟识,互通有无,提高发展。世界各民族文化的繁荣和发展都得益于文化交流,翻译作为文化交流的重要手段功不可没。季羡林先生在《中国翻译词典》的序言中高度评价您为促进中国文化发展进步所做的翻译,"倘若拿河流来做比,中华文化这一条长河,有水满的时候,也有水少的时候;但却从未枯竭。原因是有新水注入,注的次数大大小小颇多。最大的有两次,一次是来自印度的水,一次是来自西方的水。中国文化一直保持年轻,秘诀就是翻译。翻译之为用大矣哉!"译者作为文化交流的使者有责任把原作所反映的源语文化特色介绍给译语读者,鲁迅先生认为把外国文学作品翻译成汉语,目的是向中国读者介绍外国的文化习俗、风土人情,以开阔眼界,增长见识,因此译者应尽可能保留原著的"异国情调",文化交流的目的决定了译者应对原作的文化内容进行"异化"处理。翻译者将原创内容的文化介绍给目标语言读者也想考虑其文化接受能力。

读者接受理论认为,读者在阐释一部作品之前其头脑中已积淀下了他从阅读其他作品中获得的审美经验、审美意识等,形成了自己的"期待视野"。读者在阅读新的作品时从自己的"期待视野"出发,对作品进行审美价值的判断和评价,如果读者从该作品中获得的审美经验与自己的"期待视野"相一致,那么他就容易接受该作品,如果不相一致,那么他对该作品在短时间内就会不太容易接受。在文学翻译中译语读者的"期待视野"既包括审美经验,也包括译语文化在其头脑中积淀下的观念意识、价值取向等。译语读者总是从本民族的文化价值观出发,对原著进行文化阐释,如果译作所表现的源语文化的观念价值、习俗风情与本民族文化有相似之处,他就容易接受,如果存在一定差异,他在短时间内就不太容易接受。在这种情况下,译者有必要对原著做适当的归化处理,以适应译语读者的文化接受能力,但译者也不应过分归化,把原作的文化特色全部替换成译语文化特色,这有悖于文学翻译作为跨文化交流活动的宗旨和目的。

译者要处理好异化与归化的关系,必须把源语文化和译语文化放在平等的地位上来对待。译者如果把译语文化归结在源语文化之上,就容易失掉自己的初心。中华文化博大精深,中国文学作品翻译在西方虽已有一段很长的历史了,但是由于近代的中国文化、经济等方面的衰败,有许多西方的译者对于中国文学作品持有偏见的态度,在翻译中国文学作品时对其任意归化。欧美国家在近几百年间因为经济文化的崛起而成为了国际社会的主导力量,所以欧美国家社会中产生了一种民族文化优越感,对国际文化交流产生了深刻的影响,欧美译者在翻译"文化弱势"民族的文学作品时常常将其文化特色改换成本民族的文化特色。美国翻译理论家安德烈·勒菲弗尔在《文学翻译:比较文学语境中的实践与理论》中认为翻译受若干因素的影响,其中就包括中心文化的权威,劳伦斯·韦努蒂在《译者的隐身》中指出,欧美文化中心主义是"通顺翻译"和归化翻译的思想根源,他主张用异化翻译来对其进行"抵抗",其目的是要"发展一种抵御以目的语文化价值观占主导地位的翻译理论和实践,以表现外国文本在语言和文化上的差异。"在古希腊时代罗马人在文化上落后于希腊人,对希腊文化崇拜仰慕,在翻译希腊典籍时对原作亦步亦趋,不敢越雷池一步。后来罗马人在政治、军事上超过了希腊人,便开始以征服者自居,对希腊作品的文化内容任意改变,使其面目全非。

　　作为一名优秀的译者,应该本着对原著负责、不伤害源语文化的利益的前提下保存原著国家的文化及风格,还要酌情考虑读者的接受能力,对原作有难度的地方做适当的标注说明与解释。添加标注说明与解释的方法有直译加注、译文中添加注释等等,其中直译加注是比较便于读者理解的,这样既可以保留原作的文化风格,还可以让读者简单易懂。尤其在诗歌翻译中,由于诗歌语言一般简洁凝练,译者采用直译加注的方法既能保存原诗的文化特色,又能再现其精炼含蓄的语言风格。译者采取直译加注或释译的方法,目的都是要帮助不熟悉源语文化的译语读者了解原作的文化内容。作为一名译者,应该尊重原作,不可以随意的对原作进行自己意思上的更改,应该尽可量的还原原作想展示给读者的意思。译者也不应该加入太多的注释,这样会使译文变的过长和拖沓,而是应该站在原作者的角度上去还原作品的本来面目,在考虑读者的理解能力与接受能力的基础上添加简单易懂的标注。跨文化交流是一个循序渐进而非一蹴而就的过程,当一种异域文化通过翻译进入译语文化时,译语读者对其有一个从陌生到逐渐熟悉的接受过程。在对经典文化名著进行翻译时,译者需要尽可能的传达原著原本的思想观念与艺术风格,保留原著中的国家民族风情,给读者多留一些想象与回味的空间。

　　文学翻译是一种语言交流活动,不同的语言通过翻译的手段相互了解,取长补短,共同发展。译语民族通过翻译从源语中吸收和借鉴有用的语言表现法,以丰富本民族语言的表达手段,增强其表现力。在文学翻译中译者既是文化交流的使者,也是语言交流的使者,他有责任把原作语言的独特之处介绍给译语读者。鲁迅先生提倡"拿来主义",这不仅指文化,也包括语言,翻译外国文学作品目的之一是要向汉语输入新的表现法,提高其表达力,他主张"宁信而不顺"的"硬译"法,"这种翻译不仅在输入新内容中也正在进入一种新的表达方式。"译者在把源语表现法引进到译语时也要考虑译语读者的语言接受能力,在文学翻译中译语读者的"期待视野"既包括审美经验、文化观念、价值取向等,也包括译语读者受本族语传统的长期影响所形成的语言习惯。译语读者看译作是从自己期待的视野去欣赏作品的,这就需要译者翻译原作的时候不要违背原作的本意,如果与原作有较大的出入,那么译语读者在短时间内就不太容易接受。如果发生了这样的状况,译者就需要对原作的语言形式有更深一层的理解,也要对原作做更合理的处理,争取让译语读者可以更好的理解原作、品读原作。同时译者也不可过度处理,把原著语言形式特点全部替换成译语的风格特点,就有悖于翻译作为语言交流活动的宗旨和目的。译者应把源语和译语放在平等的地位上来看待,一个民族的语言,作为其文化的产物,有着自身的特点,在本民族文化的发展中起着其他语言无法替代的作用。各民族的语言之间没有优与劣、先进与落后之分,应该相互尊重,而不是歧视。

第五节　文学翻译中的审美客体

一、文学作品的意象美

语言文字本身是朦胧的符号,不像图画中的色彩与线条、乐曲里的旋律与曲调能让其直接被观者的眼睛和听者的耳朵感觉到,但它富有暗示性,能让读者尽情想象,在其头脑中唤起生动优美的意象和画面。艺术形象(形象)及其深刻的内涵是文艺价值的核心。作家作品的整个过程可以表达为:感性印象是一种语言的美学形象。作家对艺术加工生活的印象,使其升华是美学形象,终于成为了言语。

作家运用审美感官(视觉、听觉等)去感受五彩缤纷的大千世界,在头脑中积累起丰富而零散的感性印象,然后运用想象和联想使其"变形"为审美意象,这是一个从量到质的飞跃。作者把自己的理性思索融入进了作品,使作品具有审美意象,把零碎的感官印象拼凑成了一个整体。作者将自己的审美意象转化为文字传达给读者,使作者在读作品的同时,理解和明白作者的内心世界,并进行栩栩如生的联想。文学语言能激发读者的联想,在其头脑中唤起丰富多彩的画面和场景。作者善于选择那些形象生动的,特别容易激发读者想象和联想在头脑中唤起立体画面的词语。文学语言的审美感知(视觉、听觉等)效果潜在于作品的语言符号中,作家习惯选择那些可以激发读者联想的词语,让那些词语唤醒读者内心想象的画面。胡经之在《文艺美学》中认为文学的"语言(词)较之其他艺术媒介(音符、色彩、石头等等)有更为复杂的结构和独特的本质。应该出现更多的注意。文学语言是缺乏其他视觉艺术的形象,但'心理渗透和确定性的性质'显示出'跨越古代和今天,没有拘束是自由的边界',它是形象,美丽的语言,具有美丽的性质,完美的表演形式,可以由其和艺术风景点与读者触发。使用这种艺术语言的语言艺术家创造形象,状难写之景,如在目前;含不尽之意,见于言外"。吴展在《中国意象诗探索》中认为意象是艺术家"内心的感觉或想法和相互融合,复杂的外部对象的融合,主观表现是客观的形象",这不是一个简单的含义,而是两者的融合,"浓缩了对象形式和通用识别与选择的诗人,以及'意义'的对应,融合了美学和哲学思想"。中国古典小说名著《红楼梦》充满诗意,周中明在《红楼梦的语言艺术》中谈道:"曹雪芹把绘画艺术的'应物象形'运用到《红楼梦》的语言艺术中来,不仅在于尝试使语言无处不在,从形状,图片,声音,状态,上帝等颜色空间模型给人一种语言生动的形象,并努力使这个模型适应典型环境中典型的小说","绘画,离不开色彩。'随类赋彩',是绘画艺术不可或缺的一条原则;浓妆淡抹总相宜,这是绘画艺术所以令人赏心悦目、心旷神怡的一个重要原因。文学是以语言为材料的,而文学要反映五彩缤纷的社会生活,塑造丰富多彩的人物性格,却不能不借助于绘画艺术的'随类赋彩'。注重语言的色彩,这正是《红楼梦》语言具有绘画美的一个重要特色","人们常说:触景生情。而一切'景',却是把它的颜色变成人的视野;景观形状本身首先显示颜色。因此,颜色往往会触发人们对最敏感的媒介的感受","无声无息的无形,诗歌和绘画的艺术,小说中使用的创作人物"是《红楼梦》创造诗情画意的艺术手法,它"不仅像'诗中有画'、'画中有诗'那样,沟通了视觉和听觉的关系",而且还"充分发挥小说作为语言艺术的特长,调动视觉、听觉、味觉、嗅觉、知觉等各个方面的因素,使人物形象被刻画得情浓意足,形神毕肖,感人肺腑。

散文的意象美有其特色,裴显生在《写作学新稿》中认为散文有"状物绘景、叙写风情风物"的功能。散文的"诗歌间接附着于山地和景点的自然风光,以艺术的方式,场景,经常形成诗意的艺术观念;或借助场景,直接从主观诗中传出来的话"。色彩最丰富的中国散文形象美,它既有诗歌散文的特点,又有诗歌描写,词语美丽的句子,"赋起于情事杂沓,诗不能驭,故为赋以铺陈之,斯于千态万状,层见叠出者,吐无不畅,畅无或竭"(刘熙载《赋概》),"诗缘情而绮靡,赋体物而浏亮"(陆机《文赋》)。朱光潜认为赋是"状物诗,宜于写杂沓多端的情态,贵于铺张华丽"。它"大半描写事物,事物繁复多端,所以描写起来要铺张,才能曲尽情态。长度较长,因为奢侈,修辞丰富,字段不均匀,不宜适应背诵歌曲。一般歌词到音乐,更贴近图片,随着时间的推移,语言表现在国家空间上并存。"

文学图像显示图片部分和整体,简单而复杂,蒲震元在《中国艺术意境论》中认为复杂画面是指"丰富的屏幕图像多样性,内容的宏富博瞻",表现为"两个以上小画面并列或有机结合构成一件内容丰富的艺术品"。复杂画面"包含众多形象(画面)",而且其"实境"中的"多重、多类表象交织,因而它们除了具有单纯画面触发联想的功能之外,还往往通过实境中不同的直接画面的并置或对比等,产生类比感、接近感、发展感、哲理感,并进而触发更为复杂的象外联想"。简洁的图片是"图片图像,因为简单的图片或单张图片的效果更差,但性能更好",图像的差异(图片)之间的关系复杂或简单,而不在意象的多少、画面的大小。整体画面是指"静态艺术的整体及动态艺术中事物发展的全过程",局部画面指"静态艺术的一个部分、动态艺术的一个方面或某个阶段",优秀的艺术作品其"任何一个成功的局部,都有可能触发联想。因而艺术意境既可表现为作品的整体意境,又可表现为作品中某一局部所特有的意境",同时作品局部"所触发的联想,所唤起的情思都是要服从作品整体画面构思的要求的。

二、文学作品的艺术真实

文学作品表现了一种艺术真实。作家体验生活,了解社会现实,在此基础上发挥审美心理机制,特别是审美情感和想象,对头脑中的生活印象进行艺术加工,虚拟一种艺术现实,最后将其外化为语言文字。真正的艺术就是现实生活中的"幻想",来源于生活并高于生活,它在画面上与实际生活有所不同。

张今在《文学翻译原理》中认为"真正反映某些社会生活是文学创作艺术价值的主要衡量标准。通过艺术形象的文学创作来反映人生,即通过个人展示,通过生活细节和规律性揭示生命的本质;此外,这种艺术形象(艺术观念)也应该用艺术的表现方式。因此,文学创作的真实性以真理和生活的艺术真理的统一为特征,艺术是真实的"艺术形象,真正反映了生活中的东西的本质。艺术真理与现实生活是不可分割的:真实的艺术表现形式是现实生活,现实生活是艺术真理的根源"。李国华在《文学批评学》中认为艺术真实性是指文学"反映生活的真实程度,即通过艺术形象正确揭示或基本正确地揭示社会生活的本质规律、表现情感的特性",它包含三个方面:真理性(本质真实),文学作品要"显示出事物的本质特性,要揭示出生活的本质,要符合人物固有的性格逻辑";情感性(情感真实),作品要"表现出作家的真切的感受和真挚的感情,要合乎主体情感发展的逻辑";具象性(形象真实),它是作家"用虚构想象、变形手段创造出来的日常现实生活图画或情境,即栩栩如生的艺术形象"。文学作品的情感逻辑蕴含于其内在的思想情感脉络中,现代著名诗人徐志摩认为诗是"有生机的整体,零件与一些相关的,都有一定比例的东西:"作为一个人,它是血液循环的秘密,一首诗的秘密是包含音节和流动的表达","理解诗的生命是其内在音节的原因,我们能否把握这首诗真的很有趣"。

所谓的音节,它反映了诗人(诗)角色的发展,转变了旋律节奏的思想感受,郭沫若先生以诗歌"萨格勒布诗"中的"内在节奏"或"隐形法"。

下面是李清照的《怨王孙》和许渊冲的译文。

帝里春晓,In the capital spring is late;

重门深院,Closed are the courtyard door and gate.

草绿阶前。Before the marble steps the grass grows green;

暮天雁断,In the evening sky no more wild geese are seen.

楼上远信谁传? Who will send from my bowers letters for my dear?

恨绵绵。Long, long will my grief appear!

多情自是多沾惹,This sight would strike a chord in my sentimental heart.

难拼舍，Could I leave him apart?

又是寒食也。Again comes Cold Food Day.

秋千巷陌，In quiet lane the swing won't sway;

人静皎月初斜，The slanting moon still sheds her light,

浸梨花。To drown pear blossoms white.

原词上阕，"帝里春晓，/重门深院，/草绿阶前。/暮天雁断，/楼上远信谁传？/恨绵绵"。暮春的都城里重门紧闭，庭院紧锁，大雁南飞，诗人思念远方的丈夫，却又无人能捎去书信，她内心十分伤感郁闷。许译"In the capital spring is late；/Closed are the courtyard door and gate"中 closed 放在句首，强调门庭紧锁，凄凉冷清。"Before the marble steps the grass grows green；/In the evening sky no more wild geese are seen"中 grass grows green 形成头韵，富于音美。"Who will send from my bowers letters for my dear?"保留了原诗的问句形式，dear 传达了诗人对丈夫的深厚感情。"Long, long will my grief appear!"用倒装句式将 long, long 放在句首，语气强烈，富于感染力，传达了诗人对远方丈夫的无尽思念，long 的叠用富于音美。原词下阕，"多情自是多沾惹，/难拼舍，/又是寒食也。/秋千巷陌人静，/皎月初斜，/浸梨花"，诗人整日思念丈夫，内心被思绪所缠绕。夜色渐深，四周寂静无声，皓月当空，诗人睹月思人，沉浸在无尽的离愁别绪之中。许译"This sight would strike a chord in my sentimental heart"中 strike a chord / sentimental 传达了原诗所描写的诗人触景生情、多愁善感的心理情感体验，"Could I leave him apart?"用问句形式语气强烈，传达了诗人对远方丈夫深厚的感情。"Again comes Cold Food Day. /In quiet lane the swing won't sway；/The slanting moon still sheds her light/To drown pear blossoms white"中 swing 与 sway，slanting 与 still sheds 形成头韵，富于音美，drown 明写梨花浸沐在月色中，暗写诗人沉浸在无尽的离愁之中。

本质真实、情感真实、形象真实构成文学作品的"理、情、象"，作品通过艺术真实表现了生活真实，就具有了真实性。形象真实是表现本质真实、情感真实的手段，本质真实、情感真实是形象真实的精神内涵。艺术真实的核心是情感真实，这是作品艺术感染力的根本所在。陈圣生在《现代诗学》中认为艺术真实是"诗的真实"，融合了"情"与"理"，它包括'情真、景真、事真、意真'，并且具有融情人理、情景交融和情事互映的特点，也必然具有感人的美感效果,能带给读者一种"富有哲理之情的审美快感",它是"真和善的统一",是"可以感觉的思想和具有深邃思想的情感"。诗歌的本质"在文中呈现的表现或口头英文诗歌,彝语兴诗的语言运作风格和诗歌形式",诗歌是"用图像语言呈现原创思维",既是"原发的",又"创造了有感染力的想象的事物及其语言表现形式"。生活印象表现客体外在的"形",而审美意象融入了作家思想情感,表现了客体内在的"神"。译者剖析原作语言,准确把握作者风格,充分发挥联想和想象力在头脑中将其还原成意象和场景,然后通过译语再表现出来。作品艺术形象由意象、思想情感内涵、语言组成,其中意象和思想情感内涵是作品之"神",它带给作品语言生命和灵性,使其成为"有意味的形式";语言是作品之"形",它使作品意象和思想情感内涵变得"有声有色"。

第二章　文学翻译批评学思想

第一节　文学翻译批评对象的选择

一、批评目的和动机

文学翻译批评活动取决于批评目的和动机,它的第一步是对批评对象进行选择(译者、作者、译作、原作)。翻译批评具有社会功能,能引导译语读者去鉴别译作的优点和缺陷,不但能帮助译者提高欣赏水平,而且能帮助他们认识自己,进一步提高翻译水平。批评者要有强烈的社会责任感和使命感,以对作者、原作、译者、译作和译语读者高度负责的态度,首先考虑原作和译作的社会价值,发挥翻译批评积极的社会导向作用。

翻译批评者也必须有正确的目的和动机,将翻译批评看成是一项崇高和神圣的事业,立志为国际文化交流和本民族文化的进步做出贡献,把翻译批评当作实现自己人生理想的手段。批评者应培养崇高的审美理想和高雅的审美趣味,优先选择那些具有高度思想艺术价值的名著名译。翻译批评者要有自己的兴趣爱好和价值取向,倾向于选择那些与自己气质相近的作者和译者、选取适合自己审美趣味的原作和译作。批评者被原作和译作所吸引,产生浓厚的审美兴趣,就会与作者、原作人物产生强烈的思想和情感共鸣,内心深处就会产生一种无法抑制的批评冲动,通过批评作品把自己的体验和感想传达给其他读者。批评者对原作和译作"知之"、"好之"、"乐之",才能使其批评文本让译语读者"知之"、"好之"、"乐之"。大凡优秀的翻译家都不是那种无所不译的"全才",而是专门从事某一作家作品翻译的"专才"。同样,翻译批评家也不是无所不评,而是有自己特定的批评对象。翻译批评者选择批评对象应量力而行,充分考虑自己的批评能力是否适应批评对象。

二、翻译批评的动力

翻译批评的动力,无论是社会需求还是个人爱好,其根本源泉都是一种情感需要,其核心是一种深沉的爱。翻译批评者只有热爱批评事业,热爱文学翻译,才能充分激发自己的批评欲望和创造力,创作出批评佳作来。审美需要是情感需要的根本,在《文艺美学》中胡经之先生认为审美需要是人"审美心理结构中的能动部分",是人类在长久的实践中形成的,在审美过程中由潜意识转化为自觉意识,和从前的审美观念、审美经验相结合,进而形成审美理想。审美需要是一种实现主体自我价值的需要。翻译批评者从事批评活动不是为了名利,而是要为人类的文化交流和民族的文化进步做出贡献,实现自我价值,从中获得一种成就感和满足感。

翻译批评者需要有基本的物质生活保障,这是其安心从事批评活动的基础。审美主体一定要具备超越精神。翻译批评者如果急功近利,为人际关系所束缚,在选择批评对象时就会良莠不分,在评价译作时就难以做到公正客观、实事求是。批评者具有高度的责任感和审美超越精神,才能最大限度地避免错评、误评、乱评。

三、名作名译

名作名译作为翻译批评优先考虑的对象,并非十全十美,也存在一定缺陷。由于译语读者对名译往往抱有崇拜心理,因此批评者应引导他们去客观地看待名译的得与失,既要虚心学习其优点,又要勇于指出和批评其缺点。在翻译作品中佳译毕竟是少数,而出自普通译者之笔的译作占了绝大多数,它们更贴近一般译语读者的接受水平,反映出的问题更具有代表性和典型性,值得批评者认真研究。

四、具体选材范围

翻译批评的选材范围包括译本片段、原作全译本、作家全集的译本。译本片段批评以抽样分析法为主,是翻译批评的主要形式。具有很多的精彩片段是优秀的文学作品的共同特点,这体现出了作者的良苦用心,是翻译工作的难点问题,它考验着翻译者的能力和水平,所以这一类的片段的译文有较高的批评价值,应作为批评的重点。原作全译本批评和作家全集的译本批评以译作片段批评为基础,是翻译批评的高级阶段和努力的方向,近年来取得了一定的成绩。尤其是名著名译的批评,举例来说,比如对《名利场》的杨必译本、巴尔扎克小说的傅雷译本的批评、莎士比亚戏剧的朱生豪译本等,成绩明显。但就总体而言,原作全译本批评和作家全集的译本批评仍是一个薄弱环节。目前,原作全译本批评多为"管中窥豹",难以做出全面客观的评价,让译语读者了解译作的完整风貌。另外,作家全集的译本批评也刚刚起步,因此译界必须加强这方面的工作。

翻译批评者不是普通的读者,而是"专家型"的读者,他对批评对象的选择是一种学术研究的过程。批评者首先要了解作者和译者,做到"知人论世"。就翻译批评而言,"知人"就是要了解作者和译者的思想艺术个性、语言风格、作者的创作生涯和审美观、译者的翻译生涯和翻译观。"论世"就是要了解原作和译作产生的时代背景和社会环境。批评者"知人论世",才能全面客观地了解作者和译者。

翻译批评者"知人论世",需要广泛收集相关的研究资料,包括关于作者、译者的身世介绍(如传记和自传)、关于原作和译作的评论文章和专著、译者关于翻译体验的言论,尽可能多地阅读作者、译者的其他作品和译作,熟悉其创作风格和翻译风格。批评者应重点了解译者的生活经历中对其翻译事业有重要影响的事情,切忌事无巨细,关注那些无足轻重的细枝末节。

批评者研究某一译者,要善于抓住其不同于其他译者的特点。作为翻译家,梁启超是学者型的,朱生豪、傅雷是艺术家型的,梁实秋则是作家学者型的。梁氏作为成就卓著的学者、作家和词典编纂家,一生生活稳定,衣食无忧,闭门于书斋潜心治学。为了翻译莎剧,他广泛收集资料,历时三十年,藏书"比国内任何大学图书馆都还要壮观一些"。由于资料充足,他对莎剧的研究十分细致透彻,其译本紧贴原文,准确严谨。每部译作前面都附有"序、版本、著作年代、故事来源、舞台历史、几点批评",译文后有详细的注释,这些都是译者的学术研究成果。相比较而言,朱生豪是才高八斗,其译本以意译为主,文采飞扬;梁实秋则是学富五车,其译本以直译为主,精确凝练。朱氏英年早逝,未能完成莎剧全译本,梁氏则是长寿老翁,耗时三十年字斟句酌,完成中国第一部莎剧全译本。批评者评价朱译和梁译,应充分考虑二位译者不同的生活经历、个性气质及其翻译观。

批评者对作者和译者的研究不仅是理性的学术活动,还要投入深沉真挚的情感,与作者、译者、原作人物(译作所再现人物)进行深刻的移情体验,触摸其思想和灵魂,达到精神的共鸣和情感的契合。宋朝学者吕东来在《诗说拾遗》中说:"诗者,人之性情而已。必先得诗人之心,然后玩之易人。"批评者研究译者,必须洞悉其灵魂。

第二节　文学翻译批评的标准与原则

一、忠实性标准

文学翻译批评具有一定的原则和标准,在翻译的过程中要遵守。文学翻译是以文学创作为基础、以原作为蓝本的艺术再创造活动,其任务是通过译语再现原作。译作必须忠实于原作,这是文学翻译的基本原则。评价译作,应看其是否忠实于原作,这是文学翻译批评的基本标准。法国学者贝尔曼在《翻译批评论》中提出了"道德标准",要求译者要尊重作者和原作,既要"保留原文的特点、气韵、风格等",同时要"在目的语语言里进行一定程度的再创作。使得原作得到丰富和扩大,使得原作的生命得到延续"。批评者评价译作也应坚持道德标准,看其是否最大限度地再现了原作的艺术价值。

评价译作的忠实性,要看其是否再现了原作的艺术真实。文学翻译批评追求真、善、美。"真"是指作家以艺术的手法来表现生活,揭示其本质,表达自己的思想情感。艺术来源于生活又高于生活。作家体验生活,积累创作素材,对其进行提炼加工,构思出审美意象,通过对生活物象的艺术变形来表现一种艺术真实。最后,作家运用语言文字形式把这种艺术真实表现出来。

本质真实、情感真实、形象真实构成文学作品的"理、情、象"。张今先生在《文学翻译原理》中认为是否真实地反映一定的社会生活是衡量作品艺术价值的主要标准。文学作品通过艺术真实表现了生活真实,就具有了"真实性"。展现原作的艺术真实是文学翻译所追求的,在修辞上达成统一仅仅利于达到忠实,却不可以来影响自己的思想。和原作的艺术真实相一致,是现实主义译者所追求的。批评者评价译作,应看其是否再现了原作的艺术真实。文学作品的形象真实是表现本质真实、情感真实的手段,本质真实、情感真实是形象真实的精神内涵。译者要再现原作的艺术真实,要从再现其形象真实入手,正如加切奇拉泽所说,译者要"从作者的意象出发"。批评者评价译作的艺术真实,首先就要看其是否保留了原作的形象真实。形象真实说的是作品艺术形象的真实性,作家通过体验生活,在头脑中进行想象和艺术加工,进而使得其升华成为审美意象,通过语言文字符号表现出来。

翻译批评者通过分析译作和原文的语言文字,发挥想象力将其"还原"成审美画面和审美意象。通常这个过程被表示为:语言文字(源语)—审美意象—语言文字(译语)—审美意象。批评者对这两种审美意象和画面进行对比,判断译作是否再现了原作所刻画的审美意象和画面,达到了形象真实。文学作品的艺术形象由审美意象及其思想情感内涵与语言表现形式组成,审美意象及其思想情感内涵是作品的"神",它赋予作品语言以生命和灵性,使其成为"有意味的形式"。语言文字是作品的"形",它使作品的审美意象及其思想情感内涵变得"有声有色"。思想情感内涵("神")、语言文字("形")和审美意象的有机统一形成了文学作品。文学翻译应该尽量的保留原作审美意象、思想情感内涵和语言形式的有机整体,力求与原作达到内容和形式上的一致。批评者对译作进行评价,应看其在多大的限度上再现原著思想情感内涵、审美意象和语言表现形式的整体,达成"形似"和"神似"的统一。在文学翻译中作家和译者在审美体验和生活经历等方面存在一定的距离,同作家原来所构思相比较,他头脑中所接受的思想情感内涵和审美意象二者并不是完全相同的。而且,如何表达译语与源语、译者和作者语言风格上也有很多不相同的地方,译者不仅不能完整的表达出原作者的思想,有时原有的语言风格都很难有所体现。因此,原作语言形式、审美意象、思想情感内涵的有机整体译者不能很好地将其体现出来。在这种情况下,译者需要对原作的语言形式做适当的变通,以保留其审美意象和思想情感内涵,牺牲一定的"形似"以求"神似"。但译者不能随意改动原作的语言形式,而应在深刻把握其精神实质的前提下,在译语表达习惯允许的范围内使译作在语言风格上尽可能贴近原作,在"神似"的基础上尽可能地达到"形似"。批评者评价译作是否达到"神似",应看其是否忠实地再现了原作所蕴含的"意境"。

中国传统译论追求"神似",但并不排斥"形似",而是把二者的统一作为翻译的最高境界。译者想要保存原作的神韵,那么单字和句调就不能被忽略,同时在译语表达习惯允许的范围内,将原著的神韵再现出来,不仅仅要防止"貌合神离",还要防止原文的语言特点在译文中荡然无存。批评者评价译作,应看其是否在再现原著审美意象、思想情感内涵("神似")的前提下,最大程度地保留了原作语言的形式特点("形似")。

文学作品的审美意象往往不是单一的,而是一个意象群,它包含一个中心意象和若干从属意象。通过各从属意象之间的相互联系,对中心意象起到一定的烘托和渲染作用。在《诗词意象的魅力》中严云受先生把中国古诗的意象组合方式分为"对比"、"剪接"、"辐射"、"逆挽"、"承接"、"叠加"和"综合"等类型。通过融会、联合等方式产生一种"互动"关系,审美意象传达了一种总体含义,它大于各意象含义的简单总和。在文学作品中一个意象表现一幅画面,作者通过意象的连接和融合将一组艺术画面连接起来,通过其微妙含蓄的内在联系表现一种深远的意境,留给读者想象的空间。批评者评价译作,应看其在多大程度上再现了原作意象的结构特点及其所蕴含的神韵和意境。

在文学作品中语言表现意象,语言结构表现意象结构。原作的意象结构通过文学翻译表现出来,要尽可能的符合原文中作者的要表达的含义。不同的语言其意象结构各有特点。就汉语而言,它由汉字构成。汉字是一种方块字,在书面上每个汉字所占空间基本相当,容易排列整齐,给人一种视觉美。其次,汉语句子结构较为松散,句子各要素之间往往省略关联成分,缺少语法标记,语义结构在句中起决定作用。中国诗人利用汉语一字一词、简洁含蓄的特点,将表现意象的一组字词直接并置,省略掉关联成分,形成"空白"和"不确定点",使作品意蕴含蓄朦胧。

汉语简洁含蓄,重意轻形,所以汉诗意象可以直接并列,意象密度大,而英语高度形式化,明晰繁复,结构严密,语言各要素间有完备的关联手段,所以英诗中意象并置的情况不如汉诗常见,意象密度比汉诗小。在汉诗英译中原诗的意象结构很难在英语中完全保留下来,译者需要加入必要的关联成分,进行适度的"明晰化"处理。但如果译者加入太多的关联成分,过度"明晰化",就会使译诗丧失原诗的朦胧美。另一方面,汉、英的风格差异是相对的,英语也能简洁含蓄地传情达意,一些英诗尤其是意象派诗歌采用意象的并置和叠加法,使其视觉效果鲜明生动,意蕴含蓄朦胧。

西方意象派诗人深受中国古诗的影响,在汉诗翻译中注重保留原诗的意象并置和叠加技巧,并将其运用到创作中。在《诗神远游——中国如何改变了美国现代诗》中赵毅衡先生指出,意象并置的一个特殊形式是意象叠加,包含着各种不是很明确的联系。当这样的联系是显而易见的比喻,其自然就成为了叠加。并置的意象之间的关系是多种形式且不明确的,留给读解者一定程度上的补充余地和想象空间。而意象叠加,两个句法上孤立的意象可能只有比喻关系这一种关系。元朝诗人马致远的《天净沙·秋思》意境悠远,历来为诗家称道,下面是原文和三种译文:

枯藤老树昏鸦,小桥流水人家,古道西风瘦马。夕阳西下,断肠人在天涯。

1. Withered vines, olden tree, evening crows;

Tiny bridge, flowing brook, hamlet homes;

Ancient roads, wind from west, bony horse;

The sun is setting

Broken man, far from home, roams and roams. (《文学与翻译》第189页)

2. A little bridge lies across the stream which past houses flows;

A wither'd vine still clings to the old tree, in which crows rest;

A lanky horse crawls along the ancient road, and th'west wind blows.

The dusky sun is sinking down the west;

The earth's remotest corner witnesses a stranger much distress'd. (卓振英译)

3. At dusk o'er old trees wreathed with withered vine fly crows;

neath tiny bridge beside a cot a clear stream flows;

On ancient road in western breeze a lean horse goes.

Westward declines the sun;

Far, far from home is the heartbroken one.

(许渊冲译)

原文描绘了十四个意象。"枯藤老树昏鸦,小桥流水人家,古道西风瘦马"中的十二个意象直接并置,虽然从表面上看来是并列关系,但是从更深层次的语义结构上进行分析,"枯藤"与"老树"、"小桥"与"流水"、"古道"与

"西风"分别修饰"昏鸦"、"人家"、"瘦马",原诗展现了这样一幅画面:枯藤老树上栖息着昏鸦,一处人家在小桥和流水的边上,在西风中一匹瘦马在古道上缓缓前行。日落西山,天色渐暗,漂泊异乡的游子内心愈发惆怅悲苦。"断肠人"是全诗的中心意象,通过"枯藤、老树、昏鸦、小桥、流水、人家、古道、西风、瘦马、夕阳"的意象并置,诗人使其相互间的联系变得含蓄朦胧,一种悲凉的氛围得到了衬托,渲染了"断肠人"内心无尽的思乡之情,耐人寻味。

译文一: Withered vines, olden tree, evening crows/Tiny bridge, flowing brook, hamlet homes/Ancient roads, wind from west, bony horse;保留了"枯藤老树昏鸦,小桥流水人家,古道西风瘦马"的意象并置形式,在这里关联成分没有得到试用。原诗中"枯藤老树昏鸦"、"小桥流水人家"、"古道西风瘦马"虽然从表面上分析是意象并置,但是在深层语义结构上进行分析,"昏鸦"、"人家"、"瘦马"则是中心意象。英语读者通过译文要把握住这种隐含的语义结构比较困难。

译文二: A little bridge lies across the stream which past houses flows/A wither'd vine still clings to the old tree, in which crows rest 保留了"小桥流水人家"、"枯藤老树昏鸦"的意象排列顺序,但把"小桥流水人家"放到了"枯藤老树昏鸦"前面。A lanky horse crawls along the ancient road, and th' west wind blows 把"古道西风瘦马"变成了"瘦马古道西风"。译者把 houses、crows 放到了从句中,把 a lanky horse 与 th' west wind 并列,没有突出原诗中"昏鸦"、"人家"、"瘦马"的语义核心地位。

译文三: Atdusko' er old trees wreathed with withered vine fly crows/neath tiny bridge beside a cot a clear stream flows 把"枯藤老树昏鸦,小桥流水人家"变成了"老树枯藤昏鸦,小桥人家流水",On ancient road in western breeze a lean horse goes 则保留了"古道西风瘦马"中意象的排列顺序。译者把 crows,a lean horse 作为主语,再现了"昏鸦"、"瘦马"的语义核心地位,但 a cot 成了从属成分,没有保留"人家"的语义核心地位。

三种译文都在不同程度上对原诗进行了"明晰化"处理。译文一 Broken man, far from home, roams and roams 加入了动词 roams and roams,对 broken man, far from home 进行补充说明。译文二前二行采用复合句形式,第三行采用并列句形式,加入了 across,past,to,in,along 五个介词和 lies,flows,clings, rest,crawls,blows 六个动词。最后一行 The earth's remotest corner witnesses a stranger much distress'd. 加了动词 witnesses,把 the earth's remotest corner 放在行首,作 a stranger much distress'd 的主语,强调"在天涯"。译文三全部采用简单句形式,加入了 at,with,(be)neath,beside,on,in 六个介词和 fly,flows,goes 三个动词。最后一行 Far,far from home is the heart broken one 采用倒装结构,将 westward,far,far from home 放在句首,far,far from home,heart-broken 富于情感意义,强调了原诗所渲染的一种情感氛围:夕阳西沉,天色渐昏,远离故乡的游子内心更加凄苦。

比较而言,译文一在意象结构上最贴近原诗,"明晰化"程度最低,但未得其"神",没有把原诗意象结构所蕴含的意境传达给英语读者。译文二、三都对原诗的意象结构做了调整,加入的关联成分数量大致相当。译文三采用简单句形式,而译文二使用了复合句,体现了英语"叠床架屋"的风格特点,"明晰化"程度最高。就意境的再现而言,原诗描写游子漂泊异乡,居无定所,"昏鸦"能够在"枯藤老树"上栖息,而自己还不如"昏鸦",何处才是自己的归宿。译文三 At dusk o'er old trees wreathed with withered vine fly crows 中 fly 表现动态,译文二 A wither'd vine still clings to the old tree,in which crows rest 中 rest 表现静态,更忠实于原诗的审美意境。原诗中"昏鸦"的"昏"是指黄昏,明写天色的昏暗,暗写"断肠人"内心的阴郁忧愁。译文二 The dusky sun is sinking down the west 中 dusky 只传达了"昏"的字面义。译文三把时间状语 at dusk 放在全诗的起首,揭示了原诗的时间背景,与后文的 West ward declines the sun/Far,far from home is the heart broken one 相呼应,生动地进行传达:日薄西山,天色昏黄,漂泊远方的游子满怀乡愁,内心无比凄凉。原诗巧妙地运用了暗喻手法,游子漂泊异乡,风餐露宿,身心疲惫,如同在古道上艰难前行的"瘦马"。译文三 On ancient road in western breeze a lean horse goes 用动词 goes 比较抽象,译文二 A lanky horse crawls along the ancient road,and the west wind blows 用 crawls 生动地再现了"瘦马"(游子)艰难跋涉的情景。

文学创作是高度个性化的艺术创造活动。作家从自己独特的视野来观察和感受生活,从中选取自己感兴趣的东西作为创作素材,按照自己的审美理想和趣味对其进行艺术提炼和加工,融入自己的情感态度和审美评价,使头脑中的生活印象升华为审美意象,然后用自己独特的语言表达形式将其表现出来。在这一过程中作家的世界观、人生价值观和艺术审美观逐渐成熟,形成稳定的思想艺术个性,它外化为作品的风格。作品风格是由作家个性决定和影响的,作家个性的外在表现是作品的风格。

不同的作家在生活题材的选择、审美意象的构思、作品的遣词造句上各具特色和风格。风格是一个整体的审美范畴,它是文学作品的艺术形象、思想情感内涵和语言表达形式带给读者的一种整体审美印象。文学翻译不仅仅要再现出原作的风格,同时要将原作在艺术形象、语言形式、思想情感内涵所展现的整体艺术特点都表达出来。中国传统美学认为,风格是作品意境的核心要素,反映了作家思想道德、人格修养的境界,它外化为作品的审美境界。风格是一种艺术格调,格调越高,作品意境就越高。批评者评价译作是否忠实于原作、传达了其神韵和意境,关键要看其是否准确地再现了原作的艺术风格。中国浪漫主义诗歌代表是李白,李白的诗词豪迈奔放,飘逸洒脱,激情四溢。他创作了大量音律严整、意境优美的绝句和律诗,但更能体现其"诗仙"风格的还是《将进酒》《梦游天姥吟留别》等"行体诗"。

文学作品的风格不仅指作品所表现的作家艺术个性,还指文学语言所普遍具有的艺术特点:生动、准确、简练、自然。批评者评价译作,应看其在语言上是否同原著一样生动、准确、简练、自然。就准确性来说,文学创作是一个再创造的过程,其具有创造力,作家在思想情感的表达、艺术形象的塑造、语言文字的运用等角度都展现出一种特殊的语言个性和思想艺术风格,文学创作因为作家风格的多样而丰富多彩、千姿百态,具有无穷的魅力。作家在创作时殚思竭虑,字斟句酌,力求使自己的艺术风格通过作品的每个词、句准确鲜明地表现出来,追求这样一种境界:如果改动作品中的任何一个字词,作品的艺术效果都会受到损害。译者要忠实地再现原作的艺术风格,必须在译著的选词用句上力求准确。译文语言应恰如其分,同原文风格保持一致,原作朴实质朴,译作也应朴实无华,原作秀丽精巧,译著也应工致典雅。就生动性而言,作家塑造感性的艺术形象来展现生动优美的艺术画面,表达自己的思想感情。深埋于作品的语言符号中的是文学作品艺术形象的审美感知效果,为了更好地将作者的意思表达出来,是作品的内容和思想为人们所接受,作家选择出那些语言风趣富有感染力的作品。译者所选择的那些生动的作品,可以充分调动读者的想象力,使作品受到广大读者的喜爱。批评者评价译文,应看其是否与原文一样生动形象。

　　就自然性而言,文学作品是一个整体的语言结构,其各组成要素之间前后衔接,上下照应。中国传统文学理论强调作品要有"气脉",语言顺畅,浑然一体。译者在再现原作时要力求使译作的各组成要素前后呼应,上下贯通,一气呵成。批评者评价译作,应看其行文的流畅程度是否与原文一致。

　　就简练性而言,在文学创作中作家总是惜墨如金,力求用最少的文字表达最丰富的思想情感内涵,中国传统文论更是强调"不着一字,尽得风流"。译者在翻译的过程中,要注重用较为简洁的语言,准确地表达出作者在原文中要表达的意思。批评者评价译文,应看其是否与原文一样简洁凝练。

　　在文学翻译中译者是一个有思维的感性的人,并不是冷冰冰的翻译机器。他有自己的世界观、人生价值观、审美观、语言观,他在阐释原作时总是从自己的社会阅历、生活经验出发,按照自己的审美理想和趣味,对原作的审美意象(人物形象)、艺术画面、思想感情内涵、语言表现形式做出自己的审美判断和评价,并通过译作表达出来。译者个人的语言风格和思想艺术个性在一定程度上在译作中留下痕迹。译者总是力求忠实于作者和原作,但他要再现原作的艺术价值,必须充分发挥主体能动性,也就必然会把自己的个性投射进翻译活动中,通过译作表现出来,结果在一定程度上偏离原著。

　　在翻译史上,凡是名家名译都表现了译者鲜明的风格。文学翻译既是"译",更是"艺"。译作的风格是一种混合体,既反映了原作的风格,也在一定程度上透射出译者的风格。批评者评价译作,既要看其是否忠实于原作的风格,也不应忽视其所隐含的译者风格。

　　在文学翻译中译者往往倾向于选择那些与自己风格相近的作家,这样更能得心应手,创作出翻译佳作来。著名翻译家刘士聪先生喜欢孙犁、老舍等文风朴实清新的作家,其译风也朴素淡雅。赵秀明先生在《汉英·英汉美文翻译与鉴赏》中评价了刘译老舍散文《我有一个志愿》,对作者风格和译者风格作了深刻的分析。他指出,原文"语言平易,清新自然",具有一种"文字的裸体美"。

　　综上所述,批评者评价译作应看其是否再现了原作所塑造的艺术形象、所刻画的艺术真实、所蕴含的神韵和意境、所表现的语言风格和特色,通过最大限度的"形似"达到与原作的"神似"。

二、艺术标准

文学翻译是艺术再创造。原作是一部艺术作品,译者把它从源语移植到译语中,所创造出的译作也应是一部艺术作品,它应与原作艺术等值。著名翻译家许渊冲先生认为文学翻译是"美化之艺术",其标准是"真"、"美",其中"美"是最高标准。在诗歌翻译中艺术标准就是"以诗译诗",译诗在艺术价值上应与原诗相当。在"论译诗"中成仿吾先生认为译诗"哪怕是把一种文字译成第二的一种文字的工作,但是所译的是诗——一首整个的诗,因此就是译出来的结果也应当是诗,这是工作的关键之处。

批评者评价译作,应看其是否最大限度地保留了原作的艺术成就,是否以诗译诗,达到了译语文学作品的水平。文学翻译批评同样要坚持美学原则把原作和译作当作审美对象来进行感受和分析,评价译作是否忠实地再现了原作的美学价值。

文学作品具有浓厚的美学品味,富于诗意,才能产生强烈的艺术感染力,打动读者,使其思想和精神得到洗礼和净化。文学作品的艺术感染力就来源于作家情感体验的真实和作家对作品人物审美评价的真实。文学翻译应将原作的艺术感染力忠实地传达给译语读者,以打动其心灵,陶冶其情操,塑造其人格,使其灵魂得到升华。

批评者对译作进行评价,应看原作的艺术感染力是否得到了保留,使得译语读者在欣赏译文时,可以像源语读者读原作时受到感动、启发和美的享受。张保红先生在《汉英·英汉美文翻译与鉴赏》中评价刘译老舍散文《小麻雀》,认为"作者情真,译者意切"。原文描写日常生活小事,富于生活情趣,刘译生动地再现了作者"对待生活特有的情趣"和"对人情物态细腻生动的描绘"。评者认为,翻译是"情感的交流与融通",是作者和译者之间的"对话"。成功的译者"透过作者笔下的文字能体察到作者的内心活动,能听到作者心灵的声音,通过另一种文字再现作者内心情感的起伏,心灵声音的跌宕"。原文作者"对受伤小麻雀的同情,对小麻雀眼下处境的关切,对小麻雀的喜爱之情,充溢于文章的字里行间",刘译"领悟与分享了作者的这份情感,将作者的同情、关切、喜爱之情在译文间再现得尤为饱满与充分"。

三、译效标准

按照西方接受美学的观点,文学作品的艺术价值只有通过读者的接受活动才能得以实现。评价一部作品的价值,应考虑读者的接受反应。同样,译作的价值只有通过译语读者的接受活动才能得以实现。文学翻译活动受特定的社会、文化、历史背景的制约和影响,译者总是服务于特定的译语读者群,根据读者对象来确定翻译原则和方法,使译文达到预期的接受效果。批评者评价译作,应充分考虑其所产生的历史时代背景和文化环境、译语读者的接受反应。历史唯物主义原则是马克思主义文学批评所倡导的历史唯物主义原则主张"把问题提到一定的历史范围之内,结合当时的历史条件加以考察,进行前前后后的比较,追源溯流,给作家作品一定的历史地位"。翻译批评同样要坚持历史原则,西方翻译研究学派的多元体系论认为社会是一个多元系统,翻译活动是其中的一个组成要素。将译本放在译语社会文化的大背景下进行考察是批评者评价译本的依托。

梁启超是学者型的翻译家,精通日语,他对欧美政治小说日译本的汉译重在传播知识,政治目的性很强。文学翻译先驱林纾把翻译看作是开启民智、振兴国家的手段,通过译介西方文学作品激发人民投身于民族解放和复兴的事业。林纾是作家型的翻译家,更多的是按照自己的审美理想和趣味来译介外国文学作品,但他不通外语,在翻译中是由王寿昌等人口述原著的内容,他负责笔述,这种"译述"夹杂着创作的成分。林氏在翻译《巴黎茶花女佚事》前刚刚丧妻,郁郁寡欢,王寿昌约请他翻译该书,其伤感忧郁的氛围和情调正好与林纾个人的浪漫主义气质相契合,所以他在翻译过程中投入了自己深沉真挚的情感,其译作读起来同原著一样如泣如诉,哀婉动人,一时间在中国读者当中引起了强烈反响。

林纾重视译本的可读性和文采。他充分发挥汉语的表达优势,对译本精心地润色和加工,使其文笔优美,富于艺术感染力,弥补了译本不够忠实的缺陷,让众多读者为之倾倒。钱钟书先生在《林纾的翻译》中就说:"林纾认为原文美中不足,这里补充一下,那里润饰一下,因而语言更具体,情境更活泼,整个描述笔酣墨饱。"他偶尔翻阅林译小说,发现它"居然还有些吸引力"。哪怕到处都是漏译误译,他"仍旧把它看完,持续地重温了大部分的林译,发现重新去阅读和欣赏很多作品是值得的"。他发觉林译的作品读来令人神往,而原著却枯燥乏味,突然间发现只要不读哈葛德的原文,去读林纾的译文都是可以的。批评者对梁启超、林纾等晚清文人的翻译活动只有按照译效标准,将其置于当时特定的历史、文化和社会背景进行审视,才能做出客观公正的评价。

批评者还可从比较文学的角度更深层次地理解和评价林译。林纾从事外国文学翻译既是为激发民众,开启民智,又是为满足自己的情感需要,同时也是为了改造中国传统小说。诗歌在中国传统文学中的成就是最高的,历史源远流长且悠久,美誉远近闻名,有"诗国"的美称。相比之下,中国小说则起步较晚,其地位和影响远不及诗歌。小说创作长期遭受歧视和偏见,被视为"小道"、"末技"。到了晚清,林纾等人为改变国人对小说的看法,提高小说的地位,于是大量译介西方小说,向民众输入新的文学观念,丰富中国传统小说的艺术内容和表现手法。林纾对中外小说进行了对比研究,虽然他不通外语,对外国小说常常产生"误读",但凭着细腻敏锐的艺术感受力和鉴赏力,他的"误读"时常会有灵感的闪现和独到的发现。他把外国小说与中国的《左传》《史记》《汉书》和韩愈的文章相比较,力图找出其相通之处,希望外国小说能被中国文人所接受和认可。他的观点虽略显牵强附会,但仍能给读者以启发,在一定程度上改变了中国文人对小说的歧视和偏见,对"小说界革命"起到了有力的推动作用。批评者评价林纾的外国文学翻译,应看到林译虽然不够忠实于原文,但富于文采和艺术感染力,为当时的中国读者所欢迎,其艺术价值和社会影响不容忽视,对中国近代文学尤其是小说的发展所做出的重要贡献不容否定。

前面探讨了文学翻译批评的忠实标准、艺术标准和译效标准。翻译批评的标准不是绝对、单一、一成不变的,而是相对的、灵活的、多元的。在文学翻译中译作应忠实于原作,与其在艺术等值,但由于源语语言、文化与译语语言、文化之间存在一定差异,译者的理解力和表达水平有限,译作与原著的艺术等值只能是相对的。除此,在一定程度上,文学翻译活动具备一定的历史性,译语读者对同一译作的认识和感受在不同时代是不一致的,所以批评者一定要以历史的、辩证的、发展的眼光来对译作进行评价。

影响译者活动的历史因素需要批评者在评价译作是考虑的全面。林纾的外国文学翻译其读者对象以知识分子、士大夫阶层为主,他们精通古文,浸淫于中国传统文化。林纾投其所好,适当采用中国传统文学的"笔法"来润色译文语言,增强其文采,以迎合这些文人的趣味。但他没有完全照搬古文,而是适当加以变通。

就功能性而言,批评者要考虑三个要素:译文读者、译者所侧重的同一文本的不同方面、译文的用途。批评者要想对译作做出全面、公正、客观的评价,必须将忠实性标准、艺术标准和译效标准结合起来通盘考虑,而不应只局限于某个标准。

第三节　文学翻译批评的方法

文学翻译批评方法包括三个层面:

一是思维法,文学翻译批评同文学批评一样融合了形象思维、抽象思维和语言思维,但它涉及译作与原作的比较,因此其根本方法是比较思维(包括趋同和求异思维)。批评者首先对译作与原作、若干译作进行比较,发现其异同点,对译作的质量做出评价。最后,批评者将译作与原作进行比较,评价其质量。

二是表达法,批评者根据批评对象来确定批评方法(包括内在批评和外在批评)。内在批评是形式的、微观的、文本的批评,批评者从思想情感内涵、意象结构、语言形式特点、文化内涵、修辞手段等层面对译作与原作进行比较。周仪先生的《翻译与批评》就采用该法介绍了林纾和朱生豪的翻译生涯和翻译思想,总结了其成功经验。翻译批评应将内在批评与外在批评有机地结合起来。

三是表现法,指翻译批评所采用的具体方法,包括归纳、演绎、比较(对比)、统计分析、逻辑验证、考证注释等。归纳法是指批评者对译本进行剖析,获得各种感受和认识,然后对其进行综合,提炼出一些能揭示翻译活动规律、具有指导意义的观点来。在《红楼梦诗词曲赋英译比较研究》中王宏印先生采用"以事实材料为根据的'实事求是'的研究方法",叫作归纳法。

比较(对比)法包含译作与原作、译作与译作的文本比较、译语文化、文学和语言与源语文化、文学、语言的宏观比较等。在《文学翻译比较美学》中奚永吉先生运用比较美学的方法,涉及跨文化、跨时代、跨地域的译本比较、莎士比亚与曹雪芹作品的译本比较、文学翻译文体风格比较等诸多方面。

许渊冲先生在《中诗英韵探胜》中对自己所译的一百首汉诗逐一做了评析，并附上英诗，进行对照赏析。翻译批评比较法分为平行比较和影响比较。平行比较是对译语民族和源语民族的文化、文学和语言进行横向比较，了解其异同处，评判译作在多大程度上再现了源语文化、文学和语言的特点。

《声声慢》采用暗喻手法，诗人自比为枯萎凋零的"黄花"（菊花），人与花融为一体，达到了一种物我不分的化境。与此意境相同的有《醉阴》中"莫道不消魂，帘卷西风，人比黄花瘦"。《声声慢》表现了"无我之境"，刻画意象（"黄花"、"梧桐"、"细雨"等）朦胧含蓄，重在其神。所以，审美激活力在诗词中意象中得到了充分的发挥，远远地超越了"象"的原始义、本义和转义，"象外之意"体现得更为明显。许译忠实地再现了原诗的暗喻手法，传达了原诗的韵味和意境。

统计分析法是从原作和译作中选择相对应的片断，通过量化分析和比较对译作的质量做出评价。

逻辑验证法是对原作和译作进行逻辑分析，判断译作的语义结构是否符合原文的逻辑条理。翻译批评基本上也是抽象思维，其本质是语言逻辑思维。批评者运用概念、判断、推理的手段剖析原文和译文的行文逻辑结构，判断两者是否一致。许钧先生认为，评价译作"在理解的准确性和上下文的有机联系方面的质量"，逻辑验证法可以收到较好的效果。

文学翻译批评融合了翻译批评和文学批评，包含了抽象逻辑思维和艺术逻辑思维。在《文学翻译原理》中张今先生指出，原作的社会真实和细节真实在文学翻译中也要得到同样的体现，前者说的是译文中的"原作中的生活映像的细节和生活映像的细节，是同样的东西"，后者指译文中的"生活映像所揭示的生活的历史具体性和本质特征"及译文中"所反映的原作者作为社会人和艺术家的面貌"与原文中所反映的是"同样的东西"。译者要再现原作的细节真实，必须遵守同一律。翻译批评者要深入把握原作的艺术逻辑，无误的推断出译作中的"生活映像所揭示的生活的历史具体性和本质特征"、"生活映像的细节"、"所反映的原作者作为社会人和艺术家的面貌"和原文是否相同，其中所包含的"生活情境、人物形象及其情感"和"形象内容与逻辑内容"和原文一致与否。

翻译批评者通过对原作和译作的对比研究对译作做出评价，通过批评文本将其表达出来，这是一个理论升华的过程，也是批评者思想深化、精神升华、语言能力增强的过程。翻译批评者首先确定批评对象(作者、原作、译者、译作),收集相关的研究资料。他占有的资料越丰富详实,就越有利于将翻译批评向广度和深度拓展。在此基础上批评者对原作和译作进行比较,这是一个从审美感知到审美判断的过程。批评者通过审美感知和判断对译作做出评价,开始构思和创作批评文本。他要根据原作和译作的体裁形式(小说、散文、诗歌、戏剧等),有针对性地选择合适的切入角度,有重点地进行评论。对论点论据批评者不能只罗列堆砌,而必须进行综合提炼,使论据紧扣论点,使论证由零散到系统,由局部到全面,由肤浅到深入,有理有据,富于逻辑严密性。翻译批评要达到较高的理论层次和学术水平,一要创新观点,创新是翻译批评的生命。批评者应有超越意识,勇于突破思维定势,善于从新的角度和视野审视译作,发现其独特的价值,力戒人云亦云,囿于成见;二要论述深刻,批评者要有较强的逻辑思维能力,善于科学论证,克服阐述肤浅、论证粗疏、牵强附会的缺点。

翻译批评者要根据读者对象来确定批评文本的语言形式和表达文体。文学翻译批评作品既有理论学术性,能启发读者思考,又富于艺术色彩,能带给读者审美乐趣,因此其语言既要严谨规范,具有学术品味,又要生动有趣,富于文采。翻译批评应取中西两种传统之所长,将形象性与抽象性、艺术性与科学性有机地结合起来。

第四节　文学翻译批评的文化比较

原作和译作作为翻译批评的对象,既是语言文本,也是文化文本。在特殊的社会文化环境中作家和译者进行翻译和创作,反映在译作和原文中,其深层意识中蕴含着本民族的思想和文化观念,成为了作品艺术价值的一个关键的组成成分。文学翻译批评需要对原作和译作进行文化层面的比较,判断译作在多大程度上再现了原作的文化内涵。翻译批评融合了文学批评、文化批评和语言批评。批评者阐释原作和译作的语言,要把握其文学价值和文化内涵。

文化诗学的规定是批评者对作品进行一个高度的文化还原,也就是说通过作品的"语义求索和形象读解'整合和重构'文化本身","通过结合语词激活生命体验和个体生命记忆,通过已有的文化经验'认知'熟悉的文化体验或通过已有的文化经验'想象'不熟悉的文化经验"。翻译批评者不仅仅要将文化批评上升到文化诗学的高度,同时还要努力的跨越与译者和译作、作者和原作之间的文化差距、时间差和空间差,透过作品的意象和语言把握其文化深意。

文学作品展现出了本民族具备的独特的价值观、思维方式、世界观、人生观、艺术审美观、语言观等,包含了民族文化心理的沉淀。翻译批评者应着重从这些层面对原作和译作进行文化比较。西方原型批评理论强调挖掘作品深层的民族文化心理原型。批评者评价译作,要看其是否传达了原作所隐含的民族文化心理内涵。

文学语言是一种文化符号,作家不仅通过具体的词语来传达一定的文化内涵,而且通过作品整体来传达一种总体的文化寓意。批评者评价译作,要看其在多大程度上传递了原作特定词语的文化含义和原作整体的文化内涵。许多文学意象是文化意象的一种,它们在作品中反反复复的出现,变成了文化原型意象,例如汉语文学中的"杨柳"、"菊"、"南山"、"楼台"、英语文学中的 sea,God 等。

批评者评价译作,要看其是否传达了原作文化意象的深层内涵。文学作品中的文化原型意象具有互文性的特点。翻译批评者阐释原作的文化意象,需要参照其他源语作品中相关的文化意象,相互阐发。他需要有敏锐的文化意识和深刻的洞察力,李咏吟先生在《诗学解释学》中谈道,批评者如果"不能真正进入伟大的作品和伟大的作家的心灵深处,不能联系这个伟大作家作品所处的伟大时代进行具体的历史文化分析",其解读就难以获得成功。批评者必须具有"真正的思想洞察力",必须是文学的"内行鉴别者",是"对人类生命情感有最设身处地的同情式理解与体验的高明诗学家",善于进行"合情合理的历史文化心理分析"。

批评者评价陶诗英译,需要了解原诗所蕴含的中国传统文化和美学思想。中国田园派诗歌的杰出代表和开拓者陶渊明,受道家思想影响比较大。老子、庄子认为"道"是控制宇宙万物和生命的规律,人要"体道"就要"顺其自然",与自然保持和谐。人应回归自然,返璞归真,以保存自己的天性,"夫镇之以素朴,则无为而自正。攻之以圣智,则民穷而巧殷。故素朴可抱,而圣智可弃。"《老子指略》宇宙的本质是"气",世界万物的变化来源于"气"的流动。东汉哲学家王充在《论衡》中谈道:"天地,含气之自然也……天地合气,万物自生,犹夫妇合气,子自生矣张载《正蒙》中说虚空即气……太虚无形,气之本体,其聚其散,变化之客形尔。"天地之"气"来源于"道",它是宇宙生命的终极本体,老子《道德经》说:"道可道,非常道;名可名,非常名。无名,天地之始;有名,万物之母……道生一,一生二,二生三,三生万物,万物负阴而抱阳,冲气以为和。"

"道"的存在、"气"的流动使宇宙成为一个和谐的整体,阴阳相谐,五行(金、木、水、火、土)相调。"和"是中国传统文化的一个重要思想,是指一种对立统一中的和谐。在《中西美学与文化精神》一书中张法先生指出,和谐在中华文化中指的是"整体和谐,所谓的整体是宇宙整体,并不是某一事物的整体"。所以,以宇宙整体和谐为和谐的中心和基础来决定是中国文化和谐观念的基本特点,就是"容纳万有的和谐观"、"把时间空间化的和谐观"、"对立而又不相抗的和谐观"。道家主张人要保持自然本性,只有返璞归真,回归自然,才能达到"随心所欲"、"天人合一"的境界。

道家的天人合一的思想和"自然宇宙"观对中国传统文学具有很深刻的影响。"物我化一"的审美境界是汉语文学中天人合一的思想的表达,如叙述了诗人羽化归仙的理想的诗句,陶渊明的《归去来辞》中"怀良辰以孤往,或植杖而耘耔。登东皋以舒啸,临清流而赋诗。聊乘化以归尽,乐夫天命复奚疑"。此外,道家"随心所欲"的思想也影响了中国传统文学朴素平实的风格,钟嵘的《诗品》强调"自然英旨"。

陶诗中有不少富于象征意味的文化意象,如象征诗人摆脱官场羁绊、重获人身自由的"飞鸟"、"归云",象征诗人高尚人格的"菊花"等。《归鸟》第三节写道:"翼翼归鸟,/相林徘徊。/岂思失路,/欣反旧栖。/虽无昔侣,/众声每谐。/日夕气清,/悠然其怀。"抒发了诗人超凡脱俗的志趣、对自由的热爱和追求。

下面是汪榕培先生翻译的《癸卯岁始春怀古田舍》:

在昔闻南亩,当年竟未践。

屡空既有人,春兴岂自免。

夙晨装吾驾,启涂情应缅。

鸟哢欢新节,泠风送余善。

寒竹被荒蹊,地为罕人远。

是以植杖翁，悠然不复返。

即理愧通识，所保讵乃浅。

I've heard about the land that gives good yields,

But never practiced farming in the fields.

Now that I'm poor without single dime,

How can I stand with folded arms this time?

Prepared for work before the break of day,

I'm happy as a lark upon my way.

The birds are singing tunes of vernal song,

While cool breeze brings utmost joys along.

The winter bamboos hide deserted ways,

The distant paths that few men come to blaze.

No wonder hermits in the good old days,

Would like to leave the world and make long stays

In face of learned men I may feel shame,

But what I seek is more than keep my name.

先师有遗训:"忧道不忧贫。"

瞻望邈难逮，转欲志长勤。

秉耒欢时务，解颜劝农人。

平畴交远风，良苗亦怀新。

虽未量岁功，即事多所欣。

耕种有时息，行者无问津。

日入相与归，壶浆劳近邻。

长吟掩柴门，聊为陇亩民。

The Confucian teaching rings without doubt,

It's Tao, not poverty, that man should care about.

As this teaching is not worth my toil,

I change my mind and start to turn to the soil.

I am busy working with the plough,

And give advice to the farmers here and now.

Winds from afar blow o'er the stretching field;

The thriving shoots foretell abundant yield.

Although I don't know how much I'll reap yet,

I'm sure of bumper harvest I shall get.

When I feel tired at times and take a rest,

No passer—by will come to make request.

When I go home with farmers hand in hand,

I take some wine to neighbors near my land.

I close my wattled gate and sing aloud,

Content to be away from the madding crowd

陶渊明一生先后五次出仕和归隐,在四十二岁时他终于厌倦了官场生活,弃官回家,从此开始了二十多年的隐居生活。原诗中"鸟"、"植杖翁"等意象表现了诗人无拘无束的隐士形象。"鸟弄欢新节,泠风送余善"描写清晨时分春光明媚,群鸟欢啼。诗人心情欢畅,步履轻松地走向田间参加劳作,汪译 I'm happy as a lark upon my way. 诗人愉快舒畅的心情用 happy as a lark 形象生动的得以表达。"是以植杖翁,悠然不复返"与《归去来辞》中"怀良辰以孤往,或植杖而耘籽。登东皋以舒啸,临清流而赋诗。聊乘化以归尽,乐夫天命复奚疑"都生动地描写了诗人耕耘田垄、逍遥林泉的隐居生活,情趣盎然。汪译 No wonder hermits in the good old days/Would like to leave the world and make long stays. 用 leave the world,make long stays. 表达了诗人回归自然的强烈愿望和坚定信念。陶诗朴素平淡,却蕴含深刻哲理,情趣中融入了理趣,耐人寻味。袁行霖先生在《中国诗歌艺术》中认为陶诗"干枯清班",但"启示给读者的意义和情趣却是饱满丰富的",其语言"平淡有醇美","情趣与理趣"相统一,"意味隽永、富于启示性"。依据中国传统文化,历年以来高尚之士的人生理想都是归隐林泉,汪译 hermits in the good old days 用泛化手段深刻地揭示了"植杖翁"所蕴含的理趣。

原诗"长吟掩柴门,聊为陇亩民",汪译 I close my wattled gate and sing a-loud,/Content to be away from the madding crowd 中 away from the madding crowd 化用了英国著名作家哈代的小说 Far from the Madding Crowd《远离尘嚣》)的标题。该小说描写了十九世纪资本主义工业文明对乡村农业社会的侵蚀和破坏。在哈代看来,人类心灵的净土是人类古老文明传统乡村的代表,那里的人与人相互信赖和尊重,生活和睦安详,思想纯洁。而代表资产阶级文明的城市喧嚣混乱(the madding crowd),充满欺诈和虚伪,人的心灵受到了污染,因此他痛恨城市文明,渴望远离城市,让乡村永远成为人类精神的圣地和乐园。陶渊明生活在公元五世纪的中国封建社会,他憎恶尔虞我诈、腐败堕落的官场(the madding crowd),最终弃官返乡,回归田园。虽然陶、哈代所处的历史时代和社会文化背景不同,但他们都追求平静安宁、与世无争的田园生活。汪译用 the madding crowd 巧妙地传达了"聊为陇亩民"的文化思想内涵。陶诗《归园田居》(一)中写道:"少无适俗韵,性本爱丘山",汪译 I have loathed the madding crowd since I was a boy/While hills and mountains have filled me with joy 同样用 the madding crowd 传达了诗人摆脱官场、重获新生后心中无比的喜悦和舒畅。

19 世纪英国著名的浪漫主义的"湖畔派"诗人华兹华斯。他追求一种人与自然亲密和谐的生活,在他看来,人在喧嚣纷乱、追名逐利的尘世生活中变得麻木迟钝,体会不到大自然带给人的乐趣。人类只有回归自然,与其进行心灵交流,才能恢复自然天性,找回生活的乐趣。在西方文化中,物质实体是宇宙的本质,它具有具体的结构和形式。宇宙是人类需要认识、了解和征服的对象,是一个与人相互之间对立的存在体。大自然在西方人眼里象征着一种神秘的力量,对人类的命运进行主宰和支配。人类要想掌握自己的命运,就必须与自然抗争。中西文化都认为对立统一可以达到和谐,但中国文化强调统一,西方文化强调对立。在中国,汉族追求"虚"、"无"、"空"、"和",但是西方民族看重的是"实"、"有"、"冲突"、"矛盾"。西方文学给大自然蒙上一种神秘的色彩,人在自然面前顶礼膜拜,内心充满敬畏和恐惧,而中国文学描写人与自然水乳交融、亲密无间。

华诗与陶诗都以描写田园山水为主,但其文化特色和审美情趣各异。在陶诗中大自然与人亲密无间,天人合一。认识自然需要了解人,认识人也就了解了自然,人对大自然是一种内省式体验。华诗表现了西方文学所追求的崇高美。在西方人的眼里,大自然崇高而又神秘。在华诗中,大自然无比神圣,它是人类的精神导师而不是平起平坐的伙伴。诗人对大自然的感受是一种外向式的理性思索。诗人认为,人只有投身于山水的怀抱,才能心静神宁,而陶渊明则认为只要人内心沉静,在任何地方都能找到逍遥自在的精神乐园。华诗中的隐士离群索居,陷入沉思,浮想联翩,而作为隐居诗人的陶渊明则是"此中有真意,欲辩已忘言"。

翻译批评者要深入了解源语文化与译语文化的异同点,正确看待异化与归化的关系。所谓异化,是指译文忠实地保留原作的文化特色,即"洋味"、"异国情调"。所谓归化,是指译文把原作的文化特色替换成译语文化特色,不保留原文的"洋味"、"异国情调",批评者要把握好异化与归化的关系,必须正确看待源语文化与译语文化的关系。文学翻译是一种跨文化交流活动,不同文化通过翻译这一途径相互了解和熟悉,取长补短,共同进步。世界各民族文化的繁荣和发展都得益于文化交流,翻译作为文化交流的重要手段功不可没。鲁迅先生认为把外国文学作品翻译成汉语,目的是向中国读者介绍外国的文化习俗、风土人情,以开阔眼界,增长见识,因此应尽可能保留原著的"异国情调"。跨文化交流的目的决定了译者应对原作的文化内容尽可能做异化处理。翻译批评者也应具有文化的"他者"视角,评价译作应看其是否最大限度地保留了原作的文化特色。

文学翻译既要尽可能地保存原作的"异国情调",也要充分考虑译语读者的文化接受力。西方接受美学认为,读者在阐释一部作品之前其头脑中已积淀下了他从其他作品中获得的审美经验,它制约着读者对该作品的评价。如果读者从该作品中获得的审美经验与期待视野相一致,那么他就容易接受该作品。如果不相一致,那么他在短时间内就会不太容易接受。读者的期待视野除了审美经验,还包括文化价值观。译语读者从本民族的文化价值观出发来阐释译著,如果原作所表现的文化特色与本民族有相似之处,他就容易接受。如果存在差异,他就不太容易接受。在这种情况下,译者有必要对原著做适当的归化处理,以适应译语读者的文化趣味。但如果过分归化,把原作的文化特色全部替换成译语文化特色,这就有悖于文化交流活动的宗旨和目的。

清末林纾、严复等人翻译西方文学、社会科学著作,为了让其译作被中国读者所接受,采用编译、译述等方式对原著的文化内容进行了大幅度的变通和替换,减少译文中的"洋味",使其古色古香,富于雅韵,迎合了当时官僚士绅的文化趣味。对此,鲁迅旗帜鲜明地提出异化的主张,对纠正译界中过度归化的弊端起了积极的作用。

在文学翻译中译者认为如果译语文化优于源语文化,就容易走向过度归化的极端。中国文学作品的翻译在西方已有较长的历史,由于近代中国在经济、文化上一度落后于西方,因此西方译者具有一种文化优越感,对中国文学作品任意归化。近现代的百年间,在经济、政治、文化上欧美国家在不断地发展,慢慢的成为了国际社会的主导力量,所以慢慢的在欧美社会中产生了一种文化自我中心主义,欧美译者在翻译"文化弱势"民族的作品时常常将其文化特色"欧化"。

古罗马人在文化上落后于希腊人,对希腊文化崇拜仰慕,在翻译希腊典籍时对原作亦步亦趋,不敢越雷池一步。后来他们在政治、军事上超过了希腊人,便开始以征服者自居,对希腊作品任意归化,使其面目全非。翻译批评者对待源语文化和译语文化,也应克服"无视"、"轻视"、"仰视"的态度。

翻译批评者需要深入研究源语文化和译语文化的政治经济、历史哲学、美学、语言等领域,力求成为文化研究专家。《红与黑》的译本批评和研究也形成了专门的学科。翻译批评者还要认真研读译者在其译作的前言、后记中所介绍的文化研究成果。英国翻译家大卫·霍克斯在《红楼梦》英译本 The Story of the Stone 的序言中用四十六页的篇幅介绍了作者曹雪芹的生活经历、原著产生的历史时代背景、不同版本、作品思想文化内涵等。辜正坤先生在《老子道德经》英译本的前言中用五十六页的篇幅,论述了老子思想体系的四个层面(道体论、道法论、道知论、道用论)。萧乾先生在乔伊斯的中译本《尤利西斯》中加入了五千多条注释,对原作做了详细的文化阐释。

译语读者的文化接受力在文学翻译中被译者考虑,通常采用译文中解释、直译加注等方法,对原作中所包含的文化内容做出说明和解释。直译加注法能同时保留原作的文化色彩和行文特点。尤其是翻译简洁凝练的诗歌,此法既能保存原诗的文化特色,又能再现其精练含蓄的语言风格。毛泽东的词《沁园春·雪》是咏史的杰作,下面是原词和辜正坤先生的译文:

江山如此多娇,引无数英雄竞折腰。

惜秦皇汉武,略输文采;

唐宗宋祖,稍逊风骚。

一代天骄,成吉思汗,只识弯弓射大雕。

俱往矣,数风流人物,还看今朝。

With so much beauty is the land endowed,

So many heroes thus in homage bowed.

The first King of Qin and the seventh king of Han,

Neither was a true literary man;

The first King of Song and the second King of Tang,

Neither was noted for poetry or song.

Even the Proud Son of Heaven, foe a time,

Called Genghis Khan, in his prime,

Knowing only shooting eagle, over his tent.

With a bow so bent,

Alas, all no longer remain!

For truly great men,

One should look within this age's ken. (Tr. Gu Zheng kun)

通过对中国历史上的著名人物进行评价，原词指出了其各自的缺陷：
"惜秦皇汉武，略输文采/唐宗宋祖，稍逊风骚/一代天骄，成吉思汗，只识弯
弓射大雕。"最后诗人满怀感叹地说道："俱往矣，数风流人物，还看今朝"。
诗中的"秦皇汉武"、"唐宗宋祖"分别指秦始皇、汉武帝、唐太宗、宋高祖，辜
译分别处理为 the first King of Qin, the seventh king of Han, the first King of
Song, the second King of Tang.

除直译加注外，译者也可在译文中对原作文化内容进行说明，但要防止
解释过度，导致译文冗长啰嗦，降低可读性。在文学作品的四种体裁中，比
较而言，散文和小说篇幅较长，译者可适当采用译文中解释的方法。戏剧、
诗歌注重语言的精练，采用译文中解释的方法会拉长译文篇幅，使其语言冗
长拖沓，损害原文风格，因此适宜采用直译加注法。批评者评价译者所采用
的文化翻译方法，应充分考虑原作和译作的体裁形式。下面是杨宪益翻译
的中国三国时期著名诗人、政治家曹操的《短歌行》：

对酒当歌，人生几何！

譬如朝露，去日苦多。

慨当以慷，忧思难忘。

何以解忧？唯有杜康。

Wine before us, sing a song.

How long does life last?

It si like the morning dew;

Sad so many days has past.

Sing hey, sing ho!

Deep within my heart I pine.

Nothing can dispel my woe,

Save Du Kang, the god of wine.

作为政治家的曹操雄心勃勃,欲一统天下,但想到人生短暂,自己霸业未成,内心感到苦闷,于是借酒浇愁,以解忧思。"杜康"是中国古代的酿酒名师,后成为名酒的代称。杨译用 the god of wine 既点明 Du Kang 的身份,同时 wine 又与上文的 pine 压韵,具有意美和音美。

在文学翻译中译者,作为文化交流的使者,有责任帮助译语读者了解源语文化。他不应对原作任意归化,而应充分考虑译语读者潜在的理解力和译语文化潜在的接受力。跨文化交流是一个循序渐进而非一蹴而就的过程,译语读者对异域文化总是从陌生到熟悉。尤其是那些名著名译,译语读者往往要经过较长的一段时期才能逐步理解其丰富深刻的文化历史内涵。译者应尽可能保留原作文化的"异国情调",留给译语读者充分的文化阐释空间。批评者评价译作,应看其是否最大限度地保留了原作的文化异质,给译语读者留下了文化阐释的空间。

第五节　文学翻译批评的语言比较

文学是语言的艺术。语言是作家塑造艺术形象、表达思想感情、传递文化信息的工具,文学作品的艺术价值归根结底是通过语言来实现的。译语的艺术是文学翻译,译者通过译语使原作艺术形象、原作思想感情、原作文化信息的工具再现,通过译语进而使译作的艺术价值得以实现。批评者评价译作,应看其多大程度上再现了原作的语言艺术。文学翻译要再现原作的语言艺术,要利用源语与译语之间的相通之处,克服两种语言的差异所带来的障碍。批评者评价译作,需要在语音、词汇、句子、篇章等层面上对源语和译语进行比较,看译者是如何克服语言差异、最大限度地再现原作语言艺术的。语言是文化的核心要素,要深刻理解一种语言,必须将其置于文化的背景下,把握民族的文化心理尤其是语言观。翻译批评应将语言批评与文化批评结合起来,对源语、译语民族的思维方式和语言观进行比较,从文化和语言哲学的高度来认识源语和译语。以汉英两种语言为例,批评者需要了解中西文化的思维方式和语言观,把握汉英语言的异同点。

中国传统文化认为,主体认识客体时要善于超越其外在形式,通过直觉体悟领会其内在的精神实质("神"),把握客体之气、宇宙之道。对主体来说,客体之气、神和宇宙之道只能意会而无法言传。老子《道德经》说:"信言不美,美言不信……大巧若拙,大辩若讷,"庄子说:"可以言论者,物之粗也;可以意致者,物之精也……世之所贵道者,书也。书不过语,语有贵也。"汉民族重意轻言,认为语言是形而下的东西,强调"得意忘言","不着一字,尽得风流。"(司空图)汉民族擅长形象思维,重语言的宏观、定性把握,轻微观、定量分析,所以汉语尤其古汉语被高度形象化、具象化,形成了含蓄简洁的特点。西方文化强调主体运用逻辑思维对客体进行细致的结构剖析,清晰准确地了解其各组成要素。西方民族善于抽象思维,重语言的量化分析,其语言(如英语)被高度形式化、抽象化,形成了明晰精确的特点。英语和汉语不仅在句子、语音、词汇、篇章等方面有共同点,同时也存在一定程度上的差异。

在语音层面,汉英作品都主要通过节奏和格律来表现音美。汉语尤其古汉语为单音节语言,一字一词。中国古代诗人利用这一特点,通过四声的调式变化使作品抑扬顿挫,音律优美,富于节奏感。汉语作为声调语言,四声调式是汉语格律诗的节奏形式,而汉语非格律诗主要通过长短句的相互交错来产生一种强烈鲜明的节奏,以表现作家(作品人物)思想感情的起伏变化。汉语散文利用汉语一字一词的特点,大量采用排比、对偶句式,语言节奏跌宕起伏,读起来朗朗上口。现代汉语主要以双音节词和多音节词为结构单位,一词多字。中国新诗利用这一特点,以"顿"作为节奏单位。一个"顿"可包含两个或多个汉字,二字顿与多字顿相互交错,使作品节奏徐疾有致,富于变化。

英语有语调和重音,是一种拼音文字,在特定的语言环境下具有表达含义的作用。音步是英语格律诗的节奏单位,由单词的非重读音节和重读音节有机排列而成。主要的节奏格式有扬抑格(重音在前,轻音在后)、抑扬格(轻音在前,重音在后)、抑抑扬格(两个轻音在前,一个重音在后)等,一般情况下一行英诗包括四到七个音步。英语单词所含音节数以及各音节所含字母数往往不等,难以像汉语那样组成整齐的排比、对偶句式。英语散文常常通过词的重复来构成排比句式,产生鲜明的节奏。西方现代诗突破了传统格律诗在节奏形式上的限制,通过长、短诗行的交替错落产生作品的节奏。

　　格律包括声律和韵律。汉字的音节由声母和韵母组成,两个相邻的汉字其声母相同就形成双声,韵母相同则构成叠韵,声母、韵母都相同则形成叠字。英语的音节包含元音和辅音,如果一组相邻的音节所包含的辅音、元音发音相同或相近,就形成头韵、辅韵、半谐韵等韵式。汉语和英语在节奏和格律上各有其特点。汉诗的四声调式很难通过英语再现出来,而现代汉诗的节奏单位"顿"一般包含二到三个汉字,英诗的节奏单位音步一般包含二到三个音节,在英、汉互译中可以做到汉诗每行的顿数与英诗每行的音步数对等。

　　批评者评价英汉互译,应看译诗是否保留了原诗的分行形式和韵脚。在英译汉中,译诗每行的顿数和字数是否与原诗每行的音步数和音节数相对应,是否运用双声、叠韵、叠字再现了原诗 alliteration,consonance,assonance 的音美效果。在汉译英中,译诗每行的音步数和音节数是否与原诗每行的顿数和字数相对应,是否运用 alliteration,consonance,assonance 再现了原诗双声、叠韵、叠字的音美效果。

　　在词汇层面,文学作品尤其是诗歌通过语言文字的巧妙排列产生一种鲜明的视觉审美效果。批评者评价译诗的形美,应看其是否再现了原诗的"语形视象"美。散文也具有形美,它主要通过语言的排比、对仗、重复等手法表现出来。批评者评价散文译作的形美,应看其是否再现了原诗的排比、对仗、重复等手法所具有的视觉美感。比较而言,汉语的形美优于英语。汉语的结构单位汉字是一种象形文字,本身就富于意象美。汉字又是一种方块字,每个汉字所占的书写空间基本相当,既形象直观,又能排列整齐,富于图形美。中国作家发挥汉字的表形优势,利用汉语一字一词和音、形、义一体的特点,大量使用排比、对仗等手法创造出一种对称美和平衡美,这在汉赋和律诗中表现得尤为明显。汉语律诗共八行,分为四联,第二、三联形成对仗,即字与字、词与词在词性和词义上相对,结构严密,音律齐整,意蕴丰富。

　　英语是一种音素文字,其结构单位是由音节组成的词,词的读音决定词的意义和功能。英语单词所含音节数以及各音节所含字母数往往不等,所以长短不一,难以组成严整的排比、对偶句式,在图形美上不如汉语。汉、英作品都运用排比、重复等手法,但汉语作品的文字排列更为齐整,也更富于

变化。在英、汉互译中,批评者评价译文应看其是否在译语表达习惯允许的
范围内最大限度地再现出了原诗语言的形美。下面是中国著名学者、诗人
叶威廉的《听渔》和庞秉钧先生的译文 Listening to Fishermen's Songs:

平展的 Calm

闲寂 Expanse

水面上 Cloud reflected

云影 On water

点隐点现 Intermittent

如花瓣 Likepetals

无声 Silently

落 Falls

在冥沉沉的 Intomurky

黑夜里 Night

夜静 Nightstill

夜空 Nightvoid

无人 Nobody

看 Watches

无人 Nobody

听 Listens

残灯 Latelamps

—— Go out

灭去 One by one

没有 Noline

线 Tojoin

没有边 Noedge

绿 To bind

深、广 Depthwidth

高、厚 Heightheft

都一样 Allequally

无法量度 Immeasurable

在这黑色的零里 In this black zero

突然 Suddenly

从山的子宫里 From with in the womb of hills

跃出 Leaps

一点 Adot

一块 Alump

一米 Ametre

一整圆的 A full circle

光辉的 Of brilliant

月 Moon

惊起 Rouses

山峰 Thepeaks

惊起 Rousestheislets

岛屿 Rousesthefishingboats

惊起渔船 To ameasure

一片 Of rhythmic

有板有眼的 Fishermen's drumming

一些催逗 Anrging

一些飞腾 Asoaring

好一片 Avast

横展的 Stretch

生机 Of life

夜色沉沉,茫茫的大海上,闪烁着几点渔家的灯火,隐隐约约传来渔夫的号子声,飘渺空灵。原诗巧妙利用汉字的形象性特点,通过长短诗行(一字一行到七字一行)的竖形排列把渔歌带给人的听觉美转化为一种视觉美。庞译通过单音节词 calm, falls, night, watches, leaps, moon, stretch 与多音节词 expanse, intermittent, silently, nobody, listens, rouses 之间的交替错落,以及长短诗行,如二词一行 cloud reflected, on water,三词一行 onebyone to ameasure、四词一行 in this black zero、六词一行 from with in the womb of hills 之间的交替排列,比较忠实地再现了原诗语言的图形美。

文学作品不仅在语言文字的排列上具有图形美,而且作品语言所蕴含的悠长韵味和深远意境富于意美。批评者评价译文的意美,应看其是否忠实地再现了原作语言丰富的思想情感内涵和意境。汉语是一种非曲折型语言，词语缺乏形式变化，在句中的位置比较灵活，其所属成分要根据句子的语义结构来判断。英语的词语形式丰富多样（举例来说代词的格、名词的性、数、动词的时态等），其表达出的意思比汉语更加精准。在英汉互译中，批评者评价译文的意美，应看其是否准确传达了原作词语尤其是"文眼"、"诗眼"等关键词的深刻意蕴。

在句子层面，句式特点在很大程度上反映了一个民族特有的思维方式和行文习惯。不同的语言在句式特点上的差异反映了各民族思维方式上的差异。就汉语而言，汉民族强调主体对客体进行整体把握，以获得一个总体印象，而不必剖析客体结构，了解其各个局部和细节，主张"得意而忘形"。受这种形象思维和整体思维方式的影响，汉语强调传情达义的功能，不注重形式的完备和结构的完整。句子成分往往缺少语法标记，位置常常不固定，语序自由灵活。语义结构在句中起决定作用，句子各要素之间常省略关联成分，靠内在语义的连贯构成一个有机整体，形成松散铺排的"流水句"式，体现了汉民族的线型思维方式和"散点透视"的认知模式。

英语句子以主、谓语结构（SV）为核心构架，运用关联词、关系代词、关系副词、不定式、插入语等手段"叠床架屋"，将句子各成分连接成一个有机整体。英语句子大量使用复合句式，主句中包含从句，从句中又套从句，主次分明，层层推进，表情达意严密准确，体现了英语民族的抽象思维方式和"焦点透视"的认知模式。汉语以意合、流散、简洁为特点，英语以形合、聚焦、繁复为特色。在英、汉互译中，译者应按照译语的表达习惯对原文的句子结构做适当的调整。批评者评价汉译英，应看译文是否运用英语的主谓核心结构准确地传达了原作流水句式所内含的语义关系。批评者评价英译汉，应看译文是否将原作的语义结构通过汉语的流水句式传达出来。下面是霍克斯翻译的《红楼梦》的第一回中的一段原文：

士隐乃读书之人，不惯生理稼穑等事，勉强支持了一二年，越觉穷了下去。封肃每见面时，便说些现成话；且人前人后，又怨他们不善过活，只一味好吃懒做等语。士隐知投人不着，心中未免悔恨；再兼上年惊吓，急愤怨痛，已有积伤，暮年之人，贫病交攻，既渐渐地落出那下世的光景来。

A scholar, with no experience of business or agricultural matters, Shi – yin now found himself poorer after a year or two of struggle than when he had started.

Feng Su would treat him to as few pearls of rustic wisdom whenever they met, but behind his back would grumble to all and sundry about 'incompetents' and 'people who liked food but ere too lazy to work for it', which caused Shi – yin great bitterness when it came to ears. The anxieties and injustices which mow beset him, coming on top of the shocks he had suffered a year or two previously, left a man of his years with little resistance to the joint onslaught of poverty and ill health, and gradually he began to betray the unmistakable symptoms of a decline.

　　甄士隐是一个乡宦士绅,喜好读书。其女英莲不幸丢失,后来他所住的街坊失火,家里化为灰烬,他迫不得已搬到了田庄居住。然而时局动荡,兵荒马乱,民不聊生,他难以维持生计,只得卖掉田庄,投奔岳父封肃。可封肃乃势利之人,背地里对他冷嘲热讽,这让士隐心里十分郁闷。他贫病交加,心力交瘁,自感去日不多。原文共三句,每句中包含若干短句,采用了典型的汉语"流水句"式。把握英语的表达优势,霍译很好地展现了原文的内容。原文前两句,霍译 A scholar, with no experience of business or agricultural matters, Shi – yin now found himself poorer after a year or two of struggle than when he had started. 采用介词结构 with no experience of business or agricultural matters 作 scholar 的定语,business or agricultural matters; poorer... than when he had started. 运用比较级结构和时间状语从句。Feng Su would treat him to as few pearls of rustic wisdom whenever they met, but behind his back would grumble to all and sundry about 'incompetents' and 'people who liked food but ere too lazy to work for it', which caused Shi – yin great bitterness when it came to ears 中 which caused.... 是非限制性定语从句,对 but behind... for it 进行补充说明,Feng Su... met 与 but behind... ears 为并列结构和转折关系。

　　原文第三句写出因为物质和精神上的困难("积伤、上年惊唬、急忿怨痛、暮年、悔恨、贫病交加"),士隐在"露出那下世的光景来"。霍译 The anxieties and injustices which mow beset him, coming on top of the shocks he had suffered a year or two previously, left a man of his years with little resistance to the joint onslaught of poverty and ill health, and gradually he began to betray the unmistakable symptoms of a decline. 中 beset 意思是 surround s6 on all sides; trouble constantly; threaten 表明士隐内心遭受了种种折磨。coming on top of 指明了 the shocks 与 anxieties and injustices 之间的关系,描写士隐在生活的

种种不幸和打击下已不堪重负。onslaught 意思是 fierce attack，joint on-slaught of poverty and ill health，描写士隐疾病缠身，生活困顿。joint on slaught 与 beset，little resistance 在意义上紧密相连：士隐身心交困（joint on slaught，beset），他已无力承受生活的重压、抵挡精神和物质上的困扰了（little resistance）。

值得注意的是，任何一种语言都具有潜在的表达力，能在一定程度上再现其他语言的句式特点。批评者评价译文，应看其是否充分尊重原作的句式特点，在译语表达习惯允许的范围内将其最大限度地再现出来。在汉英互译中，应看译文是否尽可能地保留了原作的流水句式或主谓核心结构。

文学作品中不仅词语通过搭配组合成完整的句子，而且各句通过衔接和连贯手段构成完整的句段和语篇。在文学翻译中译者运用译语的衔接和连贯手段，将原著在词与词的搭配、各句、段间的衔接和连贯上的风格特点再现出来。

英汉作品在谋篇布局上各有特点。汉语句子间常省略衔接成分，靠内在意义的连贯性组成一个有机整体，形成松散的流水句段。陈宏薇教授认为，汉语句子"意连形不连，句子之间的意义关系隐含其中，即使是长句，脉络与气韵能够感受但标记不明显"。英语句子之间通过丰富的衔接手段，包括同义关系、反义关系、重复关系、上下义关系、省略、替代等，构成一个有机整体。批评者评价汉、英互译，应看译文是否通过恰当的衔接手段准确地传达了原文篇章内在的语义结构。

翻译批评者必须正确认识译语与源语的关系。文学翻译是一种双语交流活动，不同民族的语言通过翻译的手段相互了解，取长补短，共同发展。译语通过翻译从源语中吸收和借鉴有用的表达法，以丰富表达手段，增强表现力。译者既是文化交流的使者，也是语言交流的桥梁，他有责任把原作语言的特色介绍给译语读者。鲁迅先生提倡"拿来主义"，这不仅指文化，也包括语言。在翻译外国作品的过程中，要不断地向汉语输入新的表现形式，使其表达力得到不断的丰富。主张"硬译"法的鲁迅先生认为"这样的译本，在输入新的内容的同时，新的表现法也在被输入。中国的话或者文，法子有些太简单。想要改变这一现状，就要吃一点苦，装进新鲜的句法，外省外府的，外国的，古的，后来的都要占为己有"。

译者把源语表现法引入译语也要考虑译语读者的接受力。译语读者的期待视野既包括审美经验、文化价值观,也包括语言观。根据自己的语言观译语读者来表达译作所特有的原著语言风格,当它与译语意思相近,啰唆则就容易相对来说被接受,反之,在短时间内则不太容易被接受。在这种情况下,译者有必要对原作语言进行适当的归化,以适应译语读者的接受力。但如果过分归化,把原著语言特色全部替换成译语风格,就有悖于语言交流活动的宗旨和目的。不同的语言各有特点,在本民族文化的发展中起着其他语言无法替代的作用,它们没有优与劣、先进与落后之分。欧美民族在跨文化交流中以中心文化自居,具有一种文化优越感,视其他民族的文化为"原始落后"的边缘文化,认为自己的语言比非洲等地区民族的"原始"语言"先进"。这种优越感不利于文化和语言交流。不同民族的语言具有同等的表达力。就英汉语而言,汉语简洁含蓄,英语清晰准确,但这种差异不是绝对的泾渭分明。汉语可以清晰准确地抒情表意,英语也可以简洁含蓄地传情达意。在英、汉翻译中译者应充分考虑译语潜在的表现力,尽可能保留原作的语言风格。在汉诗英译中,译者不应用英语清晰准确的风格完全替换原诗简洁含蓄的特点,而应在英语表达习惯允许的范围内尽可能保留原诗意象的并置和叠加结构,给英语读者留下想象的空间和回味的余地。

在文学翻译中译者抱着译语优越论或源语优越论,对原作语言进行过度归化或异化,都不利于语言交流。在"五四"新文化运动中,以鲁迅为代表的中国作家和翻译家对传统文化进行了深刻反思,积极倡导"新学",主张向欧美、日本等先进国家学习,吸收和借鉴其文化中有益的东西。他们深刻认识到汉语的缺陷,主张通过翻译把外国语言中的一些表现法引入汉语,以丰富其表达手段,增强其表现力。但有些学者矫枉过正。偏激的看法导致了外国(欧美)作品汉译中大量"欧化"句式的出现,降低译文的可读性。语言交流是一个循序渐进而非一蹴而就的过程。译语读者对外族语有一个从陌生到熟悉的接受过程。就外译汉而言,适度的欧化、西化有助于丰富汉语的表现手段。虽然汉语读者在短时间里对这种西化的译本可能不太适应,但随着中西语言交流的深入,汉语读者随着其语言接受力的提高会逐渐接受这些译本。自"五四"新文化运动以来,汉语通过翻译从外国语言中吸收和借鉴了大量的表现法,丰富了自身的表达手段。某些原来被认为是"洋腔洋调"的表达形式已成为汉语的习惯用法。翻译批评者要正确看待语言异化与归化的辩证关系,对源语和译语应"一视同仁",而不应厚此薄彼。评价译作既要看其语言是否地道,也要看其多大程度上再现了原作的语言特色。

　　文学翻译是一种跨文化、跨语言的艺术再创造活动,翻译批评必然涉及源语与译语之间的文化和语言比较。批评者必须有自掌的文化和语言比较意识。翻译批评者优化思维心理机制,提高批评活动的质量和水平,需要进行长期的实践,积累批评经验。批评经验是一种审美经验,它来自于审美体验。审美体验是主体对客体内在审美价值和属性的感受和认识。翻译批评者获取审美经验的途径包括艺术欣赏、理论学习和研究、批评实践、翻译实践等。就艺术欣赏而言,批评者应博览中外优秀文艺作品。

　　翻译批评者也要重视生活体验,批评者生活阅历丰厚,能更深刻地认识和体会文学作品所蕴含的人生哲理。批评者更要重视阅读古今中外文艺名著,欣赏其优美的语言、生动的意象、悠远的意境、高超的艺术表现技巧,在头脑中尽可能多地储备感性信息,充实审美经验。此外,翻译批评者要广泛涉猎中外文学理论和批评作品、翻译理论和批评作品,了解文学批评和翻译批评的知识和方法,学习和借鉴优秀批评家的经验和语言表达技巧。翻译批评者既要勤于思考和分析,更要重视理论知识的学习,增长学识,优化知识结构。批评实践是翻译批评者获取审美经验最重要的途径。批评者只有通过大量长期的批评实践,才能形成自己的批评风格。翻译批评要兼顾广度和深度,注意质的提高和量的积累,既要着重评价名作名译,也要顾及一般作品和译作。批评者还需有一定的翻译实践经验,才能深刻体会翻译工作的艰辛,体谅译者的难处,对译作做出客观公正的评价。

　　在翻译批评者的培养上审美教育十分重要。翻译批评者通过审美教育能完善审美心理机制,健全艺术人格,最终促进批评质量和水平的提高。翻译批评者作为社会个体需要有基本的物质生活保障,这是其安心从事批评活动的基础。同时,作为审美主体他必须具有一种超越精神,过多考虑物质名利、人情世故会阻碍和限制其批评才能的充分发挥,成为其批评创造道路上的绊脚石。翻译批评者如果急功近利,为人际关系所束缚,在选择原作和译作时就会良莠不分,在评价译作时就难以做到公正客观、实事求是,这是对作者、译者和译语读者不负责任。因此,翻译批评者必须处理好基本物质需要与批评家的责任之间的关系。

下 篇

研究生态翻译学视域下的文学翻译

第一章　人类环境宣言
——文学生态学与生态批评学

第一节　生态翻译批评学体系分析

一、生态翻译批评体系构建要素

(一)批评(生态)环境

环境(environment)指的是围绕现有条件相对于一个中心的事物。环境,包括自然环境和社会环境在内的围绕外界人类的世界。自然环境是指自然,没有人的转移过程,根据环境要素可分为大气环境,水环境,土壤环境,地质环境和生态环境;社会环境是指人与人之间的各种社会关系,包括政治制度,经济制度,文化传统等。

翻译批评(生态)环境(以下称为批评环境)泛指以翻译批评为中心的外部世界。翻译是一种社会交际活动,翻译研究和翻译批评不可避免地涉及诸多相互交织、相互依存的环境因素。翻译活动是在一定的翻译环境下进行的。"翻译环境主要是指外部环境(客观环境)中所涉及的活动,包括经济环境,文化,语言以及社会和政治环境的总和。"但这里的批评环境不是类比移植于翻译环境,而是类比移植于生态翻译学中的翻译生态环境。"翻译可以分为生态环境翻译生态学和环境两个方面。"因此,翻译环境只是翻译生态环境中的一部分。

在生态翻译中,生态环境的翻译"原文、原语和译语所呈现的世界,即语言、交际、文化、社会,以及作者、读者、委托者等互联互动的整体"。翻译生态环境是影响翻译主体生存和发展的一切外界条件的总和,是制约译者最佳适应和优化选择的多种因素的集合,具有动态性和层次性特征,具有和谐平衡的生态内涵。对生态环境的翻译批评制度可以表达为:与翻译批评相关的外部因素影响批评环境的生存和发展,主要是指自然环境和社会环境。

批评主体的批评实践与其身处的自然环境相关联。自然环境包括批评要素所处的小自然环境、气候条件、地理位置,以及环绕批评要素的宇宙空间内生态要素构成的大自然环境。时间、空间、批评媒介等都是具体批评环境的一部分。批评主体和对象存在于某种自然环境中。就批评媒介而言,现代媒介和媒介环境都在一定程度上与翻译批评发生关联。媒介用于通讯者和服务员之间加载,转移,扩展特定符号和材料实体的信息,包括书籍,报纸,杂志,广播,电视,电影,网络等,以及其生产、传输组织。

翻译批评在照顾自然环境的同时,也要照顾社会环境。翻译批评依存于社会环境,批评环境中的社会环境是与翻译批评关联的各种社会关系所形成的环境,总和包括语言文化环境、政治环境、经济环境,乃至语言政策、翻译政策,等等。批评主体在特定的社会环境中从事翻译批评实践,社会环境与翻译批评之间就存在着客观的紧密关联。詹姆斯·霍姆斯提出"社会语境的翻译"问题,并建议高度重视此类研究:丹尼尔·斯密奥尼认为:"翻译长期以来一直依赖于文化,社会和经济条件。翻译者的这一特点是翻译活动评估量表的一部分。"翻译是原语与译语的语言转换,而语言是意识形态的载体,翻译发生在一定的社会政治文化环境之中,与翻译相关联的发起人、赞助人、译者、批评者、译作读者和译评者等都深受所处社会主流意识形态的影响,进而影响翻译材料和翻译策略选择、译本发行、译评接受等翻译行为和翻译活动。

翻译批评依存社会环境也可以从翻译研究的社会转向角度予以考证。翻译研究到社会,是指"注重现实世界翻译实践研究的社会价值,重视与现实世界的翻译、交流,社会建设融资的影响"。翻译是"不同文化的文字参考,社会行为的语言和人的有目的的活动"。从评价的角度看,翻译是一种社会现象,在社会发展过程中推动社会发展进步;从翻译过程角度观察,源语文本,尤其是文学文本,在一定程度上反映了作者所处的特定现实社会,在一定的社会和历史环境中,翻译的思想和行为将受到社会影响和限制,并且译品的成败优劣也受到以读者为代表的社会检验。陈鸣主张评价译者的翻译策略以文本的对比分析为基础,"翻译者的翻译历史背景,读者对视觉的期望,翻译的文化地位,社会环境对社会和历史背景因素的限制考虑"。可以说,翻译活动的发生和发展与人类社会的发展密切相关。社会转向的翻译研究已渐具雏形,从社会不同角度关注翻译研究的学者越来越多。社会转向的翻译研究超越文本,从社会学中吸收给养,视翻译为社会现象和社会生产活动并置于社会宏观环境下考察;与之协同发展的翻译批评则借鉴社会转向的翻译研究理论和成果而自然地在社会宏观环境下考察和评价翻译活动。

翻译批评应该考虑包括自然环境和社会环境在内的翻译对比环境,通过翻译活动与现实世界的联系来开展翻译批评实践。翻译批评过程在一定程度上,可以理解为一个批判性的问题,批评环境因素影响选择过程。严谨的科学翻译批评离不开批评环境,批评环境成为翻译批评体系的一个重要构建要素。

(二)批评主体

翻译批评的主体是翻译批评的发起者和操作者,也是翻译批评研究的核心问题之一,谁来开展翻译批评在很大程度上影响到批评的目的、过程和结果。批评主体表现出不依赖批评对象而存在的独立性及受到外界(包括批评客体)制约的受动性的双重属性。不同学者关于翻译批评主客体的认识也存在差异。多种权威机构认为翻译批评的主体,包括"翻译公司或公司聘请教授,公司或部门领导,信托人,专业翻译评论家和教师,最后是读者",即:

A translation may be evaluated by various authorities: (a) the reviser employed by the firm or the translation company; (b) the head of section or the company; (c) the client; (d) the professional critic of a translation or the teaching marking one; (e) finally by the readership of the published work.

关于翻译批评主体问题,一方面要尽可能科学地细化并发挥不同主体的互补作用,另一方面要关注批评者的素养及其形成。杨晓荣总结翻译批评者应该具有的素质,包括"思想道德修养,语言文学成就,理论成果与知识储备"。肖维青基本上持相同的观点,评论家认为翻译应该是"道德修养,理论训练,语言文学成就,知识储备以及富有经验,远见卓识"。

类比于生态翻译学中的"译者责任",生态翻译批评强调"批评主体责任"。生态翻译强调"翻译者的责任"生态伦理原则和翻译在翻译过程中的中心地位和主导作用。批评主体在翻译批评实践中有责任协调批评环境、批评群落、批评客体和批评参照系之间的相互关系,有责任感和批评平等对话,社区其他成员有责任重视对接受和传播的评价,是批评理性实践的责任,是建设生态批评的责任。翻译批评过程可以视为批评主体对批评资源的利用、分配、加工和再生的过程,批评主体在批评实践中能动性地适应或影响批评环境,据实确定批评参照,理性审视比评客体从而有效地生成批评产品。

"批评主体责任"批评主题突出在批评过程中的主导地位和积极作用。类比生态翻译学中的"翻译群落",生态翻译批评中的"批评群落"指与翻译批评活动的发生、操作、结果等相线影响相互作用的诸者集合,以批评者为代表,还包括翻译批评的委托者、批评产品消费者等。批评群落置身于批评环境,在适应环境的同时,其有意识、有目的的活动可以调节、促进、改造或重建批评环境。将批评群落纳入生态翻译批评,彰显生态翻译批评对"人"的关照。人是一切社会关系的总和,以人为本作为关系概念,凸显人与人、人与社会及人与自然的关系。将批评群落纳入生态翻译批评,可以增加批评的维度并拓展批评的范畴。生态反映批评群体在某种自然和社会生存与发展的条件下,反映了群体成员之间的主体与对象之间的批评,批评和批评环境相关的状态,相互作用,其内涵是社区关怀批评的生存和发展之一。批评群落成员为达成共同目标,就必须开展平等对话和协商交流,就必须共同促成和维护动态平衡和谐的群落生态。这样,人们就可以从批评群落生态视角开展批评群落人际管理方面的研究和批评实践。

(三)批评客体

批评客体是批评的对象,具有不依赖批评主体意志而存在的独立性及与主体发生关系而表现出对主体的制约性。杨晓荣认为批评客体包括"译作、译者和其他"。文军认为翻译批评对象包括"译者批评、过程批评、译作批评和影响批评"。温秀颖认为批评客体包括"译者和译作"。吕俊和侯向群探讨了翻译活动的要素批评问题,涉及翻译的主体批评、客体批评、中介批评、中介形式批评、思想批评和环境批评。

生态翻译批评对象可以根据翻译社区的生态环境来定义。在生态翻译中,包括翻译生态与环境在内的翻译,生态环境是原始语言,译语语言,文化,沟通,社会和作者,读者,发起人等互联互动的原始语言和目标语言的一个整体,是影响所有外部条件总和的翻译主体的存在和发展,是文本,文化语境和翻译"社区"以及精神和物质的收集。其中的翻译群落指翻译活动中涉及的以译者为代表的"诸者",即人,包括作者、译者、读者、资助者、出版者、评论者等。由此可见,批评客体就不仅局限于译者、译作、译事、译论和翻译过程,还应该包括作者、读者、资助者、出版者、评论者等翻译群落成员及翻译环境、翻译生态、翻译伦理等。翻译被视为翻译主客体共同参与、互联互动的系统,作为原作创作者的作者、决定译作接受效果的读者、出于经济利益或宣传等目的影响翻译的资助者、因为出版资金和政策等原因影响翻译的出版者,以及因为自身素养或评论视角等原因影响批评质量的评论者等都应该纳入批评的对象。

生态翻译批评客体主要包括译作、译者、译论、译事、翻译过程,构成批评客体系统。翻译环境、翻译群落、批评群落、批评产品、批评参照系等也可以作为批评对象而成为批评客体,其中的批评产品和批评参照系的批评体反映了"批评翻译批评"的批评实践。批评客体的多元性反映了批评路径的多元性,如环境批评路径、译者批评路径、翻译过程批评路径、译文批评路径、批评群落批评路径、批评产品批评路径等。

（四）批评产品消费者

批评产品消费者直接或间接地从获取信息和知识,人员和翻译批评,批评,产品发布相关传输和消费的批评,主要包括委托者、用户、批评者、读者、译者、专业编辑、教师等。委托者或用户驱动翻译批评,为批评主体的生存和发展提供了基础,其中的委托者提出的相关批评要求会对翻译批评活动产生直接影响,而用户则是批评产品的最终消费者。批评者具体实施翻译批评操作,自然也成为批评产品的第一位读者。译者也是批评产品消费者的重要成员,比如某一译者的译作经过自身以外的其他批评主体的评价而生成批评产品,译者自己就成了消费者,可以审视和接受批评产品的合理之处,也可以就批评产品中存在的问题与批评者开展对话和商榷。这里的教师主要指从事翻译教学和研究的教学科研人员,可能将他人的批评产品总结用于教学或科研,也可能自己生产批评产品用于教学示范或作为科研成果。

批评产品消费者是批评体系的重要构件。批评消费者与批评主体、批评参照系、批评客体和批评产品构成一个相对完整的批评体系。批评产品与批评产品消费者相互依存:没有消费者,批评产品就无价值可言;消费者的反应也是评价批评产品质量的重要指标。与此同时,批评产品消费者可以构成批评消费体系。

批评产品消费者也是批评群落的一部分。类比移植在翻译群体中,批评群体指的是关键活动,操作和相关联的相互影响的结果,并相互影响"收集"。批评产品消费者中的委托者、用户、批评者、读者、译者、专业编辑、教师等与批评主体中的翻译家、专业译评者、读者、专业编辑、专业译审等共同构成批评群落,其中的读者、译者、专业编辑等有可能出现身份重叠,既可以作为批评主体也可以成为批评产品消费者。批评主体与批评产品消费者相互依存。没有批评主体,消费者就不可能获得批评产品,也就不会发生消费行为:没有消费者,批评主体的批评活动也就失去了意义和价值,其生存和发展也就无从谈起。由于翻译群落成员个体在批评理念、思维方式、教育程度、实践经验等方面的差异,也由于批评环境、参照系要素、读者需求等方面的差异,群落成员在批评过程中必须动态地自我调整,共同维护群落生态的平衡稳定。共同努力实现翻译批评任务,批评社区成员之间的对话与互动协调至关重要。因此,批评群落生态也就成为翻译批评研究的新命题。

二、生态翻译批评体系架构

(一)体系形态

在论述批评体系的构建理论和构建要素之后,生态翻译批评体系就初具框架雏形。翻译批评体系包括环境,批评主体,参考框架,批评对象,批评和批评产品消费者六大要素。

翻译批评生态系统是双向循环系统,呈现出相对完整的环框构建要素。系统包括原有的批评制度,对象和批评制度,增加了关键环境,批评产品和消费品。与自然环境和社会环境相关的意识和关键活动成为现实批评体系,注意环境,突出批评实践中的重要环境因素。将批评产品和批评产品消费者纳入批评体系,体现了批评结果,便于开展批评产品研究或批评产品消费者研究,也便于开展批评产品价值和消费者接受等方面的研究。因此,将批评环境、批评产品和批评产品消费者纳入批评体系,不但客观地、更为完整地展现出翻译批评的全貌,而且有助于将批评视野从译内批评引向译外批评从而拓展批评实践的范畴。翻译关照译作的实际效果及其译语读者乃至社会产生的影响,翻译批评也就相应地必须关照批评产品的实际效果及其对消费者乃至译语社会产生的影响,这也契合翻译批评从译论批评、译者批评、过程批评和译作批评拓展到文化批评和社会批评的发展态势。与此同时,批评环境,批评批评产品消费者相关生态问题,包括批评环境生态、批评产品生态、由批评产品消费者与批评主体共同组成的批评群落生态,以及此三种生态共同孕育的批评生态,都成为生态翻译批评研究的新命题。

系统构成体系,翻译批评生态系统可以根据批评环境体系,社区制度,批评对象,批评,参考系统,消费体系等构成要素来解决多层次的特点。

翻译批评是批评者按照委托者或客户要求,以批评参照系为中介,对批评对象开展批评并生成批评结果的过程,这就形成了从身处批评环境的批评主体到批评参照系到批评客体到批评产品再到批评消产品费者的批评链,即批评主体→批评参照系→批评客体→批评产品→批评产品消费者,这也可称为自上而下的批评。

而批评产品消费者和批评主体同属于批评群落,他们之间是相互依存、平等对话的关系,这样,顺向的批评链就可以继续延展为:批评主体→批评参照系→批评客体→批评产品→批评产品消费者→批评主体。因此,顺向的翻译批评就形成一个环形。环形批评就可能形成循环的批评。如果批评产品存在不符合用户需求等情况,批评者经消费者反馈等途径获知信息,那么批评者就必须再次或重新开始翻译批评操作。翻译批评实践中当然不乏实例。因此可以说,由批评主体发起的顺向的翻译批评是可以循环的。

(二)体系特征

翻译批评生态系统是双向循环运行框架,具有双向循环,多层次,规范性和描述性的结合、整体/关联,动态/开放的特征。

生态翻译批评体系是整体/关联、动态/开放的体系。重点关注生态系统的翻译,生态翻译的相关性,动态平衡与和谐,倡导"注重整体/关联""讲求动态/平衡""倡导多样统一"的生态理性,以生态翻译学理论为指导而构建的生态翻译批评体系涵括了与批评活动相关的多方因素,这些因素相互关联使得系统成为一个有机的整体,体现出对批评活动的整体综观。系统内的因素各尽其责而由彼此关联互动,相辅相成而形成翻译批评的合力。这些因素中的任一因素的变化将引起其他相关因素的变化继而引发该体系的整体变化效应。生态翻译批评体系是构建各因素关联而构成的聚合网络系统,其中的相关利益者之间存在内在的双向关联互动。体系的动态性来自翻译和翻译批评的动态性。基于生态翻译学视角,翻译活动中的翻译生态、文本生态和翻译群落生态是动态变化的。"既然翻译本身是动态的,以具体的翻译现象为客体的翻译批评也不可能是静止的。"从翻译批评的发展的角度来看,"不仅是语言,意义和审美变化,对翻译活动的理解,翻译价值的理解,翻译需求的社会功能的发展不断变化,翻译批评的标准也在不断修改,不断丰富和完善动态发展进程"。翻译研究是一种跨科际研究,正如专家所说:"翻译研究导致了语言学,文学,历史,人类学,经济学等学科融合的研究工作。翻译研究涉及不同学科领域的多元性",跨科际的翻译研究赋予了不同层面的多元性。生态翻译学通过对"翻译→语言→文化→人类/社会→自然界"关系序列链,从翻译,语言学,文化科学,人类学,生态学等翻译研究的角度,跨科研研究。开放性的翻译批评通过积极吸纳多学科、多领域的最新研究成果而得以充实和发展。研究生态开放的翻译研究和翻译批评,在翻译批评制度的开放的基础上具有开放的特点。该系统对生态翻译批评开放,也是对语言学,文化,人文社会学等相关学科的开放。生态翻译学自身尚处于建构之中,生态翻译批评体系也必须具有开放性才能得以不断调整和完善。该体系不是一个自我封闭、自我循环的孤立系统,而是一个可以变化、追求优化的动态系统。

生态翻译批评体系是规定性和描述性相结合的体系。翻译批评是一种评价活动,自有其学科意义上的规定性。翻译批评"从规定性转向描写性"是当前翻译批评三大转向表现之一。"描述/阐释和评价可以看作是翻译批评的两大职能要素。"描述活动是指向客体的,描述的对象是客观存在的事实。评价活动需要言之有据,则必须以描述活动为基础。严肃的翻译批评可以使用描述性方法进行分析,采用规范性方法进行判断。作为体系构建指导理论的生态翻译学本体理论自身也具有描述性,描述和阐释了"何为译"、"谁在译"、"如何译""为何译"等翻译理论的基本问题。翻译批评体系包括翻译批评的环境,批评主体,参考框架,批评对象,批评参照和批评产品消费者六大要素,可以分别描述和分析"批评环境如何""谁来批评""据何批评"、"为何批评"、"如何批评"、"据何评价"、"批评什么"、"批评结果如何"等一系列与翻译批评活动密切相关的基本问题。该体系的描述性为批评实践中的描述活动提供了基础。能够明示批评体系要素的批评纲要就是生态翻译批评实践中描述方法的具体运用。

基于系统的开放性和生态翻译,生态翻译批评体系建设扩大了批评视野的"关联序链",无论是从生态学角度,翻译批评研究,语言学,文化学、人类/社会学等方面视角下研究翻译批评,这体现出整体综观、互动关联、多元互补、动态开放、平衡和谐的翻译批评观念。

第二节　文学生态学的国内外哲学根基

一、从生态学到生态主义

作为一个术语,生态学(ecology)概念在 1869 年由德国生态学家恩斯特·黑克尔提出,从此,生态和生产的概念产生和使用。英语 ecology 一词是根据希腊语中 oikos 和 logos 这两个词的组合,logos 在希腊语中指的是"关于某事物的学问""理解"。恩斯特·黑克尔于 1870 年给生态学提出了一个定义:生态学是指探索动物与有机物之间的关系,无机物环境,是与他直接或间接接触植物,敌对和友好关系的第一次接触,是在生态学的研究中达尔文称之为生命之间的关系 ,也可以归纳为经济学的自然知识。目前黑克尔这个含义仍被很多生态学家所引用。

科学生态学的研究对象独一无二。生物体是生态学探究的最基本单位,同时生物体也是最基本的生态学系统,诸如某个器官或者生物体的单个细胞都不能构成一个独立的生物体。哪怕生态学研究有着两百多年的时间,但是"生态学到本世纪中叶才应用到对人的探究上,从此具有了现代意义"。当然,科学生态学的研究方法也具有其独特的形式,通常表现为三种方式:第一,是最为简单方便的一种方式,就是观察和记录自然环境中的生物。第二,在周围环境变化时观测生物是如何应对的。第三,在实验室、温室或者笼子中进行生物观察和研究。因此得出,生态学具有很强的实践性:以上三种方式都包括直接观测和研究生物,仅仅是靠理论推导是行不通的。科学生态学于 19 世纪末期得到产生,随后科学生态学经过一个世纪的发展到现在已经形成了较大的学科知识体系。

科学技术不单单是改变了科学技术领域人们的思维方式与行为模式,

也有人文学科甚至是人类所有学科领域的思维方式和行为模式,像生态哲学、生态科技、生态伦理、生态批评、生态能源、社会生态、生态女权主义、生态心理学、精神生态等,人们已经熟悉的思维模式和行为方式。很多时候生活中简单的现象恰恰反映了最深刻的道理:思维、话语的方式和行动都在发生潜移默化的改变。人是理性和感性思维并存的动物,在面临死亡的一瞬间都会停下来思考转变的。

生态主义指的是人们采取科学生态学的研究成果和思想方式来重新审视大自然的思维方式,并用来重新审视人类的所有知识体系:自然科学知识体系、社会科学的知识体系以及心理科学的知识体系。生态主义可以说是"问题主义",生态主义不是简单的思辨活动,而是行动主义、切实的思维方式。伴随着人类精神生态的异化、生物物种的灭绝和生态环境的恶化,生态主义的思潮的到来会更加汹涌。

如今,生态社会思想潮流形成了一支庞大的研究人员和知识体系队伍。现在这不是一个简单的表面,如生态科学技术,社会生态学和生态哲学,精神生态学和生态文学等方向的研究团队缓慢扩大,更多的表现在生态观察中的日常生活和连接,各种各样的集会,生态运动,动物保护组织,绿色群体已被人们所采用,如各种生态省,生态食品,生态农业,生态服装等口号也被人们所了解,从而可以看出,未来生态更加激烈。

二、文学生态学的三个维度

当人类具备一定的思考能力,便展开了对自然、宇宙、自己精神状态和自身的认知,进而这些认知也在不断地积累和传播。所有生物的本能就是"求生",同样的也包括人类。在适者生存的竞争中人类比其他生物具有强烈优势的原因,是因为人类具备"求知"的能力。但是如果仔细分析的话,求知也是求生的方式之一。人类拥有的知识在一开始是全凭借经验的,在文字还没有创造出来的时候,人类通过模仿和口头传播获取信息。非洲的布须曼人目前仍然过着没有文字、通过发出类似于动物的声音、模仿动物的动作等方式把经验和知识传递给下一代人的原始生活。直至文字被发明出来,人类就可以通过文字来记录曾经或得到的知识,现如今,人类的知识体系可能远远的超出了人类的幻想。对于自然、宇宙、人类的精神世界和自身都有非常深刻的总结,当然社会和文明在不断地进步,这些认识仍在发展进步。

人类的知识体系共分三种：第一类是有关自然宇宙的知识系统。此处的"自然"是排除人类在外的"纯自然"，主要是指地球、整个宇宙和这其中的人以外的其他生物。第二种是人类社会的知识体系。即使人类一直归属于"大自然"，是大自然的一分子，但是不得不承认的是在这个生物链网上，人类的作用已经远远超过一个节点的范围，人类对整个生物链有重要的影响。因此，人与人之间相互关系、相互交往的理论是社会知识体系主要研究的内容，这也许还包括社会道德、伦理、政府制度、法律法规、行为规范、历史等学科。第三种是人的精神知识体系。人的精神世界无比的复杂和深邃，也许精神世界的复杂程度可以同整个宇宙相媲美。

它们发展的顺序并不能够简单地按时间顺序来进行，即使是在现代人类历史上的地位也是不平等的，好比罗素曾经所说过的：人们预料的各门科学发展的顺序可能恰恰是与真实情况相反。离我们最远的东西总是被最先被支配，然后是离我们越来越近的东西：他们的顺序分别是天、地、动植物、人体和人的思维。"天"在罗素那里是指有关天的知识，例如天文学、宇宙，所以自然宇宙中的事物包括罗素所说的"天""地""人体"和"动植物"，属于自然宇宙知识系统。

不管是中方还是西方，人们内心都会有一个憧憬和向往的理想社会。当这种想象出来的理想社会产生，那么我们这些地上的凡人就要去尽可能的模仿天人、不然天人会不满而生气，进而对那些惩罚不守规矩的地上凡人进行惩戒。在神话中，在一定程度上充分表达了人们对这个理想社会的无限渴望，社会知识进入建筑的知识体系，但知识体系是虚幻的，以上所描述的是人类想象的虚拟的社会，随着历史车轮的滚滚前行，人类在不断的发展进步，现如今的社会知识体系已经成为一个庞大复杂的体系。

社会知识体系与知识体系，自然科学知识体系的精神在时间上不存在先后的继承关系：我们假设"本身就是人类离我们最远的东西存在"，这句话是对的，社会知识体系与自然科学知识与精神知识体系三者之间的关系是不可分割的，现在，我们很少的了解自己：和中国相比较而言这一领域在西方发达国家的受关注程度更强。

社会与自然是实实在在的两个事物，而精神则不是客观存在的、能触摸到、能感受的事物，但是即便如此精神还是真实存在的。这就和庞朴先生曾说的"藏三耳"与"鸡三足"论的"三耳"与"三足"很是相像。在这个体系之中,三者相互依赖、相互独立。人类社会生态和精神生态的状况受到自然生态的状况的影响,认真地考虑一下,人类是大自然中重要的组成要素,是构成大自然的一部分,况且人类离开自然则无法生存下去。人类永远是大自然生物链上至关重要又十分特殊的一环,他所形成的精神生态、社会生态的状况对自然生态状况有着关键的反作用:诚如《中庸》上所讲,"天地人""三极"的"人"这一极的作用是"赞"即"助""天地"孕育万物。在这个角度上看,人有着他积极的能动作用。

在漫长的人类历史上,19世纪和20世纪的存在有着非比寻常的意义:在19世纪和20世纪,关于自然万物规律的科学知识取得了迅速的发展和进步。进一步来说,在19世纪和20世纪里人类科学的成果远远超过过去所取得的全部的成果:关于宇宙、自然的思路在不断地被打开,人类曾因科学技术的迅速发展进步而狂妄,忘记了自己在大自然中的地位。但是科学技术的发展具有两面性,人类的两次世界大战在20世纪打响。在原始时代和20世纪之前,人类战争在一定程度上归结于生存的竞争。然而,20世纪的两次世界大战是由于人类的贪婪,傲慢而交战的。在这两场世界大战中,不计其数的无辜的人类因此丧生(或丢掉了生命),正因如此世界大战为人类带来了巨大的生态灾难。

第三节　国内外视域下的生态批评

一、欧美生态批评

(一)生态批评的社会历史文化语境

对自然不人道的环境的态度,在不同时代就有很大的差异。希腊人怕傲慢,所以他们相信宙斯会比上帝或命运高一点,而且要小心避免对宙斯做粗暴的事情。中世纪基督徒更是恭顺,他们把对神的谦卑作为首要任务。他们的聪明才智已经被束缚了。文艺复兴打破了中世纪漫长的思想禁锢。17世纪后,科学技术的进步更加增长了人类社会的"集体能力"感,到了现代社会,尤其是在19和20世纪这两百年里,人类的科学技术所取得的成绩比以往所有世纪的总和还要多,这更增加了人类征服大自然的心理优势。"一向谦卑的人类,开始认为自己几乎是个神。"人类的知识仿佛洞悉了宇宙的全部真理,洞察了大自然全部的奥秘,但是事实上,宇宙和大自然的"真理"大多都在人力控制以外。人类对"宇宙的不虔诚"、"自傲"以及陶醉已经接近"病狂"的程度,而这种态度却给人类带来了"社会巨祸"。

在过去的两个世纪里,人类创造了比以往任何时候都发达的文明,文明在两个世纪里以加速发展的形式向前进。尤其是以欧美为代表的西方人享受着高度发达的文明所带来的丰富物质生活条件,这种生活是高度的城市化、生活的快捷化,汽车、电话、电脑、互联网的应用、先进的医疗克隆技术,以及人类对于大自然的征服为主要特征。而科学技术的巨大成就极大地增长了人类征服自然的狂妄信心。由于人类文明给自然造成的严重破坏:人类以牺牲自然生态平衡为代价获得丰富的物质生活。人类自己仿佛已经远远地超越了自然动物世界,全然走入了纯理性王国。可是,看似理性的人类却正疯子般地向大自然贪婪索取。人类真的已经完全跳出了大自然这个生物链而成为独立自主的一环了吗?

对自然的态度和人与自然的关系绝不是新鲜话题:在传统的西方文化中,有《奥德赛》的英雄历程,也有阿卡狄亚式返璞归真的田园牧歌。

随着自然生态环境的破坏,人类征服自然的态度也逐渐融入了"回归自然",人类知识体系已经进入了所谓的"生物学"时代。生态系统的不平衡,"社会巨大灾难"始于 20 世纪 90 年代中期,欧美文化在文学生态批评的历史背景下。生态批评一开始就带着一种"问题主义"倾向:自然环境严重失衡是一个社会问题,生态批评担负着在文学文化领域里深入探究人类自身知识系统生态危机根源的责任,因为这个问题与未来人类生存的命运有关。

(二)生态批评的历史源流及其定义

从"生态批评"的角度来看,这个词可以追溯到 20 世纪 70 年代末,但像许多新生物一样,作为一种对文学理论的生态批评,想要在学术界有自己的立场,同样要经历从边缘到中心这样一个发展过程。在 80 年代,生态批评还没有形成独立的学派,1985 年,美国的学者弗雷德利克·瓦格编写了《讲授环境文学:研究材料、方法、和文献资料》,本书是由教师编写的 19 个教学生态环境文学作品集"课程简介",其目的是让人们进一步了解和认识生态文学,《美国自然文学创作通讯》成立于 1989 年,这让生态学研究者可以相互交流各自的研究成果。但直到 90 年代中期才是真正让生态批评凭借一个流派身份得以确立。越来越多的有关生态批评的刊物发表,许多关于生态批评的会议召开。美国"现代语言协会"于 1991 年举办"绿色生态批评:文学研究"会议;"文学与环境学研究协会"成立于 1992 年;第一届国家生态批评研究协会,1993 年在科罗拉多举行;在同一年《文学与环境跨学科研究》在美国成立了第一个正式的生态批评文学出版物。随后,生态批评最终以美国和美国的学术批评类型为代表。从这之后生态批评以燎原之势的姿态遍布整个世界,在 20 世纪末一跃成为文学批评理论中的"显学"。

生态批评主要研究的物理环境与文学间的关系的学问。就像是女性批评,它是从性别意识的角度考察文学与语言,通过对文本的阅读,马克思主义批评给人们经济等级与生产方式的理解认知一样,生态批评按照地球中的方法入手从而进行文学研究。从上述的定义我们大致可以将生态批评归纳出以下几点特征:首先,生态批评最关键的特征是,它所研究的重点是自然与文化甚至包括与文化之间的关系;其次,生态批评并不是以"人类中心"作为考查文本,而是以"地球中心"作为考察对象,这是与其他的文学批评理论不同的地方;最后,科学与生态批评的"生态学"密切接触,而不仅仅是对生态批评研究的"生态学"研究策略,方法和数据结构的借鉴,王诺对此论述说:"生态批评家主要吸取的并非自然科学的具体研究成果,而是生态学的基本思想,或者更准确地说,是生态哲学思想。生态哲学是文学批评的理论起点和依据。"

二、生态批评与中国学派

1978 年,生态批评的基本概念是威廉·卢克第一次使用;2003 年前后,王诺、朱新福、韦清琦、刘蓓、苗福光等人先后在中国外语类核心期刊上发文把生态批评介绍给中国读者。随后,中国学界经历了一场空前的"生态"热潮,其表现就是相关期刊学术论文逐年递增、学位论文和专著的大批涌现、国家级、省部级项目成批获得立项、国内专门的生态批评学术会议接二连三地召开。不仅如此,生态批评更是与其他人文社会科学交叉衍生出众多门类"生态学",一时间生态批评所倡导的生态多元(diversity)繁花似锦,大有无"生态"不学术之盛况。与此同时,中国经济高速增长模式带来的一个恶果就是生态环境的急剧恶化,而中国所拥有的儒道生态思想资源的文化基础,这些都为生态批评在中国的勃兴奠定了历史语境。借欧美生态批评之东风,十年间,生态批评也形成了独特的中国理论话语体系——生态批评的中国学派。

2000 年,"生态文艺学"的概念被中国学者鲁枢元第一次提出。这一概念的产地在中国,可以把它看作中国学者与欧美生态批评研究的不谋而合。2002 年 6 月 21 日,鲁枢元在苏州召开学术会议,并和与会学者一起发起建设"生态文艺学学科"的倡导书。倡导书提议人除了鲁枢元之外还包括曾繁仁、王诺、韦清琦、刘蓓等,现今中国生态批评研究的主要学者,也包括诸如朱立元、王先霈、孙景尧等中国文艺理论界重要学者。2006 年,鲁枢元先后出版了《生态批评的空间》《自然与人文——生态批评学术资源库》(上、下册)等重要著作,其中《生态批评的空间》是鲁枢元从生态文艺学出发,对欧美生态批评哲学基础等的具体理论建构,为欧美生态批评带来了全新的理论内涵,极大地拓展了欧美生态批评的阐释"空间"。其主编的《自然与人文——生态批评学术资源库》是为追溯生态批评的历史提供了珍贵的"资源库"。2011 年,鲁枢元出版了《文学的跨界研究:文学与生态学》,这是生态文学研究的延续。约翰·布鲁克对生态批评的学术贡献是他开创性地提出了"生态文学理论"的概念,生态分为三个维度:自然生态学,社会生态学和精神生态学。鲁先生是中国文艺心理学研究学者,他把精神纳入生态进行研究自然顺理成章,他还亲自编写《精神生态通讯》,为生态批评阐释拓展了广阔领域。

欧美生态批评的中国阐释派以厦门大学王诺等人为首,他们把欧美生态批评、生态文学等基本概念介绍进中国。王诺先生出版的《欧美生态文学》是国内第一本把欧美生态批评(文学)的概念系统介绍给中国研究者的开山之作,该书"生态批评"是中国生态批评勃兴的起始点和里程碑。其后,王诺出版了《欧美生态批评:生态学概论》,该书以其博士论文为基础,具体阐释了欧美生态批评的渊源与基本内涵,是中国生态批评阐释派的代表性论著。值得一提的是,由王诺先生率领的中国第一个生态批评"队伍"厦门大学,已经出品了一批诸如夏光武,杨晓辉生态文学研究人员。另外,有朱新福、韦清琦、刘蓓、苗福光等人先后在中国核心期刊撰写论文,为中国生态批评研究做了早期奠基工作。随后,涌现了一批中青年学者,有代表性的如宋丽丽、刘文良、胡志红、龙娟、李晓明等人。其中刘文良的《范畴与方法:生态批评论》也是一部非常有分量的代表性论著。在书中,刘文良提出很多概念,如"逆生态文学"和"反生态文学"等,为生态批评的中国学派建构带来新的视野。

欧美代表,经典文学解读发送给苗福光的"生态批评视野下的劳伦斯"为国内首个系统研究生态思想作品。这本书,劳伦斯的生态思想具体可以分为自然生态学,社会生态学和精神生态学三个维度,为劳伦斯的研究带来全新的认知视角。稍后,申富英等人的《伍尔夫生态思想研究》也是欧美经典作家生态阐释的代表性成果。另外,中国文学文化生态阐释派以韦清琦等人为代表,把欧美生态批评用于解读中国经典文学和文化。赵玉的道家生态思想阐释等也形成了标志性论述。

第四节 欧美国家生态的女权主义

一、渊源与理路

(一)生态主义话语的发生

西方文明在经历了古希腊柏拉图和亚里士多德式的纯然理性的时期后,历史还没来得及给柏拉图和亚里士多德思考出世界的本真到底是何物的机会,就被犹太人耶稣所创立的基督教所淹没,人们对上帝的狂热的崇拜早已压过理性的思辨。中世纪是个漫长的过程,人们低下头颅,生活在对上帝的崇敬和恐慌之中,对中世纪的人们来说,上帝就是一切,这是无需理性思辨的。然而上帝的代言人教皇与世俗帝王之间的权力之争最后终于动摇了人们对上帝的信念。意大利人发起了诉诸古典时期而实质上是推动了社会前进的文艺复兴:历史背后的真相是理性即将复苏。意大利文艺复兴时期的发韧性开辟了整个欧洲,特别是英国科学的理性思想。文艺复兴和紧随其后的启蒙运动给近代科学的发展和繁荣提供了历史契机。先是在英国,其后是整个欧洲,科学技术繁荣了,人类开始了科学理性地思考世界,文艺复兴和启蒙运动。三百年后,人类科学成就与过去人类文明创造的成就相结合。

面对各种生态危机和生态灾难,西方人开始思考自己的文化体系。身体,天堂,地狱,神与世界,生死攸关,虚伪,男女,人与自然无处不在,如父权制文化危机的两个对立在思维模式中发生,艾略特在他的《荒原》(The Wasteland)描述西方文化在消亡的景观和尼采在《查拉斯图拉如是说》里宣布的"上帝死了"更深入的西方文化体系。诸如后殖民主义、解构主义等"后学"。所有大后现代主义的崛起和重构,或试图内省重写西方文化的历史。刘小枫论述西方文化在 20 世纪向中国以"天人合一"和老庄"自然哲思"为特点的文化思想系统的学习,也证明了西方文化系统存在文化病症的事实。

从过去几十年的人类思考的每个文化体系的观点。各式各样的生态主义话语先后登场:生态美学、环境主义、生态科技、生态批评、环境文学、生态伦理、精神生态、生态哲学、文学生态、生态文学、生态后现代主义、文化生态、生态文艺、生态学等等。在这浪潮的生态话语中,生态女权主义从此诞生。

(二)生态女权主义的渊源

从 1990 年开始,作为一种生态女权主义文学理论和人文文化。其主义的理论根基却要追溯到 20 世纪 70 年代的法国女性作品当中。虽然生态女性主义历史只有二十年,但 20 世纪的思想深刻植根于西方的快速转型。今天的大部分生态和女权主义理论家都喜欢引用法国女权主义者弗朗西丝·伊娃的命令,提出了"生态女性主义",

20 世纪 70 年代的德奥博妮的两本著作是真正孕育了"生态女权主义"这个术语以及其基本思想的,这两本著作分别是 1974 年的《女权主义或者死去》与 1978 年的《生态女权主义:革命或者转变》以及《女权主义或者死去》中。她的理论过程是通过总结生态女性主义政治运动的中心关系,最著名的运动是"边界"的改革,妇女寻求机会,争取离婚权、堕胎权和平,作为 1973 年与生态发展有关的一个主要兴趣,只可惜"前沿改革主义者"并没有坚持对生态的兴趣,又转到了他们最初感兴趣的问题上。但她们中有一部分人从这个组织中脱离了出来,组织建立了另一个生态女权主义中心。中心的成员领导了一系列生态和女性主义运动,德奥博妮关于生态女性主义理论从解释和总结这些运动开始。《生态女权主义:革命或者转变》是继续深化《女权主义或者死去》中未尽的话题。

德奥博妮在反对资本主义的同时并没有赞同马克思主义的路线和共产主义。对她来说,资本主义的美国和社会主义的苏联同样地存在着环境污

染的问题。这两个国家都为利益所驱使,谁也没有避免生态危机:同时德奥
博妮还就堕胎和避孕等方面对美苏两国作了批评。在该书的第二部分中,
德奥博妮从古代石器时代可追溯到 20 世纪 60 年代以男性为主的妇女社会
和压迫地球母亲和统治之下,驳斥那些宣称母系制社会的学者,认为这是他
们的错觉。她深刻地批评了男权主义制度的权威,无止境地推翻了西方其
他国家人民的统治和理论基础。书在最后中警告,人们根本不了解生态女
性主义的重要性,不能从根本上改变人们的文化思维模式,男权制政治和对
待地球环境的态度的只有生态女权主义思想。

生态女权主义已经走过了三十年的里程。可以说,作为一种对生态女
性主义文学理论的文化批评,异军已经进入中心,一跃成了西方文化领域炙
手可热的"显学"。

(三)生态女权主义的理路

作为一种开放的学术理论和多元化的,有着驳杂众多的流派分支的生
态女权主义。许多动物派生态女权主义、自由主义生态女权主义、政治生态
女权主义、精神生态女权主义等等。各种生态女权主义流派均有自己的侧
重点。从一些社会和自然生态社区的基本卫生系统中被单一排除,这种被
排除在外的事实是非生态的和不公正的,这就是精神是生态女性主义的基
本概念。把这一生态群体重新纳入进来是正确的,做法是让她们拥有应有
的权利。动物派生态女性主义将拯救动物和妇女解放作为一项统一的工
作,她们更加强调妇女、自然荒野与动物间的内在联系性。精神生态女性主
义在考察古代女神崇拜和自然宗教时,试图找到现代生态女性主义历史基
础的精神。根据斯普林特纳克,女性精神生态运动包括三个方面的主要内
容:第一,宇宙是一个整体的、神圣的、有无限的复杂性,神性置身于我们自
身和我们周围的宇宙过程之中;二,把人类从自身对生命的孤独感和冰冷的
物质意识的牢笼拯救出来,重新将生命有机体置于无限联系网当中,强调其
内在力量的获得;从存在的死亡感走向再生意识。政治生态女权主义试图
推翻妇女和自然受压迫的政治和经济这一根源,进而为妇女和自然的解放
创造平等的政治和经济环境。"这些类别代表了政治哲学,自然理论,人性
理论和个人行动愿望的重大差异。"结合其他派别,构成生态女性主义的
洪流。

二、女权主义与生态女权主义

(一)生态主义话语与生态女权主义

人类的科学技术总结出一个畸形的果实:一面是科学技术的飞速发展;另一面却是生态环境的恶化。面对各种生态危机和生态灾难,西方人开始思考自己的文化体系。天堂与地狱,神与世界,灵魂与身体,生存与死亡,男人与女人,人与自然,真理与谬误,父权制文化的思想模式危机。艾略特在《荒原》里描述西方文化在消亡的景观和尼采在《查拉斯图拉如是说》里宣布的"上帝死了",更深入深层次地述说了西方文化系统的重重危机。殖民主义,解构等其他"我"之后,重建和后现代主义的兴起,或者试图反思西方文化的重写史。比如后殖民主义、解构主义等"后学"都在后现代主义的大旗下重构且群起或者试着反省重新书写西方文化历史。从过去几十年中人类思考的每个文化体系的观点。各生态话语类型:生态美学、环境主义、生态科技、生态批评、环境文学、生态伦理、精神生态、生态哲学、文学生态、生态文学、生态后现代主义、文化生态、生态文艺、生态学等。在生态话语中,生态女权主义从生态女性主义中诞生。

(二)共同的阵地

从时代的角度来看,女权主义在生态女权主义之前就诞生了。"作为西方女性主义社会和文化思想潮流的分支,历史悠久,是 19 世纪初的文学世界。"20 世纪 60 年代,女权主义者,生态女性主义在 90 年代真是"热",这就是为什么一些生态女性主义学者认为生态女性主义是女权主义的第三波浪潮。中国学者鲁枢元说:"在第三浪潮中,女性变得更加聪明,他们自己是在宇宙中最大的合作伙伴,'自然'的婚姻生活中找到自己的生死联盟。"这些学者认为,生态女性主义是生态思想与女性主义的结合。加尔德是著名的生态女性主义研究者,他把生态女权主义思想的源泉直接归因于各种女性主义,如生态女性主义思想的自由主义的来源是自由主义的女性主义,社会主义生态女性主义思想来源是社会主义女性主义,激进的女性主义思想来源的文化生态是激进的女性主义等;而各种生态女性主义支流融入生态女权主义"湖"之海洋。

女权主义解构是西方男性的中心,男女双重文化传统,女权主义与生态女权主义具有强烈的解构色彩,但是生态女权主义解构的是人与自然二元对立的文化传统、西方男性的中心。既然造成女性与自然受压迫的根源都是男性占主导地位的社会思维方式和文化传统，而且女性与自然有着深刻的统一性，那么女权主义与生态女权主义就天然地联合在了一起，共同镇守这一块阵地，并向以男性为中心的社会发起了猛烈的进攻。就像德奥博妮说的那样，只有结合生态和女性主义才能使地球"绿色"，充满活力，人类将继续生存。鲁枢元也说，女人和地球母亲盖娅，女神缪斯，神圣的三位一体的女人，是非常重要的，在我们的生存等方面，忽视了这种的存在，任何"生态平衡"都将无从谈起。

许多学者坚持认为，第三种浪潮中的女性主义是生态女性主义，但首先我们也应该看到，生态女性主义真的有自己的领域和鲜明的特征。由于西方父权制颠覆人类中心主义的生态女性主义建设，高度重视自然生物等的存在权，生态女性主义和女性主义的特征明显不同。第二，我们还应该看到，生态女性主义越来越多，它的一个新的理论，即它的开放性一方面使它充满着无限的生机与活力，另一方面又让它有着不可把握的理论困境。最后还有一些学者对此抱有敌对态度，并且深感怀疑。但无论如何，灾害和危机面临的生态环境是无可争辩的事实，未来的生态环境越来越多。

第五节　多元文化视域下的生态批评

一、后殖民生态批评

（一）后殖民主义再审视

受后现代主义思想潮流的影响，20 世纪 20 年代后殖民主义的快速发展，后殖民地特征的"解构"进一步延续了后现代研究的长度，后殖民地显然是"意识形态"，"经济"和"政治"等特征说明了西方国家在第二次世界大战后将是过去的殖民政策变革和武装侵略，甚至过去的思想政治，经济和其他间接殖民地实行"新殖民主义"战略。

后殖民主义研究于 20 世纪 90 年代在中国风行一时。中国主流学者对后殖民主义有着清醒的认识，他们多以审慎的态度对待后殖民主义研究。王宁指出后殖民主义的精神理念的来源，德里达是解构主义的理论和方法的出处、斯本格勒"西方的衰落"是灵感的来源、巴赫金是对话诗学的来源、格拉姆希是霸权的概念的来源、福柯是知识和权力的理论的来源。

西方文化内部问题后殖民文化批评中关键的一点。盛宁所认为的西方文化内部的一种理论论争和反思,后殖民主义在这里被构建起来的"东方"并不是我们观念中的传统的东方,而是西方人所构想的东方,并没有改变西方文化话语霸权地位。一些学者对殖民主义心理反应的"恐怖主义"热量进行了认真的正式提出,殖民主义的一些主要特征是西方话语霸权,借此机遇东方的"压迫"使得其具有"新殖民主义"的特点。杨金才指出在殖民主义冲突后,"失踪"和传统价值观念以及"激烈批评",杨金才指出:"西方世界的中心与东西方文化观的关系,必须超越民族主义超越标准和文化,通过这种改变文化价值的共同标准的存在。我们万万不能受到西方文化中心地位的压力,进而盲目崇拜西方文化:但也不能因此而对西方文化产生抵触心理,排斥西方文化,万万不能将西方文化的地位成为人们崇拜西方文化的理由,也不应当是它受到排斥的原因。"

无论是理论论争,还是之后的建构和发展,后殖民主义从来没有停止过,而21世纪头十年后殖民生态批评:后殖民主义研究的"绿色"。

（二）后殖民生态批评的旨归

首先,种族主义(racism)和物种偏见(speciesism)指出,西方后殖民生态批评的"霸权中心主义"的思想不仅导致帝国,世界欧洲国家为殖民地心理动因,以及人类未能正确定位和环境,动物等非人类生态关系的世界,造成全球生态环境恶化。基于这种霸权逻辑和理性文化,欧洲殖民者的侵略和殖民帝国的发现,似乎是有道理的,在这种殖民意识形态的意义上,人类中心主义与欧洲中心主义是不可分割、统一的概念;欧洲之外的土地和居于其上的生物被他们看作"空间",是"未曾被占用、空置、使用效率低的","本土文化非理性的、'原始'的,近乎婴儿、动物和自然"。显然,人类中心主义思想不仅仅体现在西方文化中,甚至在多种文化模式中都有所体现,进而形成一种日常的形态。后殖民主义注重的殖民、性别主义、征服、种族,还有它在本土上的付出、入侵者和本土居民的文化、社会之间的关系,也是环境和动物研究所关注的焦点。现如今地球正在面临着严峻的生态问题:土地沙化、物种消亡、水土污染、森林退化等,所以,把殖民生态批评作为新视角来审视物种主义和种族主义对现在不只是迫切,还关系到人类自身的生存发展。

第二,发展与环境。在《后殖民生态批评》中哈根和蒂芬说道:"作为一个新兴领域,西方意识形态发展的观点是后殖民生态批评的主要工作之一,并尝试提供有效的替代方案。"第三世界批评者就"发展"(development)进行了激烈的讨论和抗争,其实际上就是新殖民主义(neocolonialism)的伪装:从这个角度出发,技术统治机器是新殖民主义所力争要表现出来的,其目的实则服务于西方经济和政治利益。无论如何,西方发展思想观念一直是环境批评和后殖民研究的对象。

第三,后殖民生态批评的文本阐释。文化/文学话语体系是后殖民生态批评的根据点,所以其中心任务之一就是进行文化/文学文本解释。首先进入视野的就是西方国家的作家和作品:新西兰、印度、澳大利亚、非洲国家如南非、加拿大等。后殖民生态批评所注重的是文本中的动物、生态环境、田园书写(pastoral writing)、后殖民思想与思想等生态话语。2008 年布克奖获得者、印度年轻作家阿拉文德·阿迪加的小说《白虎》(The White Tiger)叙事中的动物园和动物隐喻被从后殖民生态批评视角解读,同时被指出:"动物意象不光是反映殖民历史的媒介,也应当成为表达作者价值观和生态思想的渠道。"

有如《黑暗的心脏》(Heart of Darkness)《鲁滨逊漂流记》(Robinson Crusoe)《动物庄园》(Animal Farm)等经典著作被后殖民生态批评研究者再次理解,其中西方国家缺乏生态意识、侵略殖民的历史等证据被重新提到台面。无论如何,后殖民生态批评作为一种文化/文学批评理论,挖掘文本中的后殖民生态思想是其任务之一。"环境的想象"(environmental imagination)是美国环境批评家劳伦斯·布伊尔提出来的,这一理论仍旧对现阶段全球化的生态恶化有深远的影响。

二、生态翻译学的未来

(一)生态翻译学的质疑

生态翻译学的概念以达尔文的"适应/选择"进化论为基础,经过多年的研究得到了初步发展,2001 年在翻译学理论研究中应用了进化论概念,生态翻译学学科概念的产生依赖于 2004 年出版的《翻译适应选择论》,而 2013 年生态翻译学理论框架基本完成,《生态翻译学:建构与诠释》的出版标志着其成型。但是,业界一直在不断地质疑生态翻译学的概念,那么接下来对有代表性的质疑进行简单的了解。

在论文《超越"自然选择"、促进"文化多元"——试与胡庚申教授商榷》中,吴志杰和王育平(以下简称吴、王)提出来胡庚申"适应/选择"翻译理论中的两个问题:第一,吴、王就胡庚申在翻译过程应用把"自然选择"的概念,同时声称"译者(译品)应当适应翻译生态环境的变化"的论述将自己的观点表达出来,吴、王认为目前为止"'翻译生态环境'的概念仍然存在主客混淆、简单化等诸多问题,针对翻译过程的前后两个阶段,《过程新解》的分析也具有前后倒置、定位失当、概念混乱等诸多问题";第二,吴、王认为胡庚申赞同的"自然选择"的基本法则有悖于生态多样性这一自然规律,对"文化多元"的发展很不利。吴、王阐述自己的疑虑:"这一理论究竟适不适合翻译研究?"他们给出的解答是:"在翻译研究领域这一理论的应用有些不适用。"胡庚申对"译者中心"的疑问也给出了解释,胡庚申在《关于'译者中心'问题的回应》中说道:生态学中指出"价值判断的主题"的"人类中心主义"与翻译行为中"显现译者'主导'作用"的"译者中心"是两件不同的事情;"译者中心"是对"译文中心"和"原文中心"的"解构"和"平衡";生态翻译学研究里"译者中心"仅仅是解释译者行为的一个角度。

在陈水平发表的《生态翻译的悖论——兼与胡庚申教授商榷》论文中,提出生态翻译有三个悖论,分别是:一、胡庚中忽略了翻译目的语和源语的语言文化生态建构,并且对翻译生态进行了定义,所以使得"翻译生态环境的认识国语的片面化";二、"翻译中心"的生态翻译是胡庚申过度的核心概念,重点提出,使"生命权文本",翻译过程中读者的利益,作者群体作为损失,同时"译者中心"这个核心理念对人文环境的可持续发展并不看重,一定程度上忽视了这一可持续发展观念;三、此处的生态翻译学科构想相对来说太简单。"生态翻译学要了解翻译生态环境是具有多层级、多维度和跨区域性质的,要注重翻译的差异本质,同时摒弃译者中心的想法,把译者看作是构成环境/网络的一分子,构建人与本共生共存的、可持续发展的生态伦理,向更宽广的研究空间迈进。"这最后的观点是陈水平所提倡的。

(二)生态翻译学的未来

生态翻译学不过是生态主义浪潮中翻译研究的"生态转向"。科学生态学的哲学理念被生态批评采用,还包括其他的一些方法来进行考察,来反思研究文学,就好像著作《为了濒危的世界书写:美国及他国的文学、文化和环境》(Writing for an Endangered World: Literature, Culture and Environment in the United States and Beyond)中提出"为了濒危的世界书写"这一观念由美国生态批评研究者劳伦斯·布伊尔提出并大力倡导,清楚地表明生态批评研究的目的也是为了我们赖以生存的地球。受历史环境的影响,在中国生态批评的发展有着独一无二的语境:第一,生态环境不断地在恶化,可以说它已经开始对人类的生存产生威胁:第二,不管是道家的"道",还是儒家的"和",这些与欧美生态批评提倡的生态观念相协调,因此对于中国学者来说,生态批评有一种"一种归来意识"。正是因为这样和谐的、深远的生态思想传统,使得"中国学派"式的生态批评得以产生。可是,从生态翻译学的发展过程来看,能够发现,学者研究生态翻译学并没有生态批评的视角,即使是王宁先生已经发表了很多相关的论文,但是生态翻译学的归宿点不是生态批评倡导的观念,仍旧是翻译研究所指向的。对生态系统的理性特质进行运用,翻译进行深化研究的视角是生态学。这里的翻译研究不仅仅是一个出发点同时也是归宿,不仅仅是基础同时也是目的,可以总结为生态翻译学研究最终要符合翻译实际、翻译原则和翻译规律。所以,即使生态学理论被我们在翻译研究中引入,自然生态被喻指类比为翻译生态,但是,我们却不会把自然生态中事物一成不变地挪用过来,也不可以把生态学研究对应地挪用过来。

实际上在很久以前"生态"就成为了一种日常话语体系,城市生态、人文生态、电影生态、大学生态等是这个体系所包括的,语言所具备的隐喻的这种特征在这其中也被表达出来。举例来说就像"他表现得很自然"这个句子,其中的"自然"一词和我们观念中的动物植物、山川河流、大自然母亲并不相同,这就表现出了语言的隐喻功用。如此可见,如果只是采用生态之"名"那么很难形成深远、厚实的学科思想体系,如果建构生态翻译学学科没有深远厚实的哲学底蕴,那么就不得不让人产生疑虑。通过努力不断尝试建立属于中国的"生态翻译学派",争做"使得中国学术可以走向世界的排头兵"。而高呼"我参与,我自豪!"的热忱需要冷静的沉思。

第二章　生态翻译学与文学翻译的关系

第一节　生态翻译学视域下的文学翻译体裁

一、生态翻译学视域下的诗歌翻译

（一）诗歌翻译概述

1.诗歌音美的再现

构成诗歌音美的要素包括节奏、音律、语调、拟声词等，其中节奏和音律是核心要素。明代学者李梦阳认为诗有七难，"格古、调逸、气舒、句浑、音圆、思冲，情以发之"，好的诗歌"其气柔厚，其声悠扬，其言切而不迫，故歌之心畅，而闻之者动也"。不同语言的诗歌其节奏各有特点，汉语尤其古汉语是单音节语言，即一个字就是一个词，因此，中国古代诗人利用这一特点，创造了四声调式，使作品节奏抑扬顿挫，音律优美。

英语实质上是一种拼音文字，语调和轻、重音的变化是英语的节奏的关键体现。英语格律诗的节奏单位是音步，非重读音节和重读音节交替排列形成了单词，有抑扬格、扬抑格、抑抑扬格等多种形式，重音和轻音是其区别。现代汉语主要以双音节词和多音节词为结构单位，一词多字。从20世纪初期起，胡适、郭沫若、闻一多、徐志摩、戴望舒、卞之琳、朱湘等诗人突破传统格律诗的束缚，把"顿"确立为汉语新诗的节奏单位，包括单字顿、双字顿和多字顿。短顿与长顿的交替错落产生一种徐疾相间、富于变化的节奏。英语格律诗的节奏单位音步一般包含两到三个音节，英诗每行可包含四到七个音步。在英、汉诗歌互译中顿与音步在一定程度上可相互替换，卞之琳提出"以顿代步"，即汉诗每行的顿数与英诗每行的音步数相当。

2.诗歌形美的再现

诗歌的语言文字符号通过巧妙的排列能产生特殊的视觉审美效果。汉字是表形文字,其笔画富于视觉美,能在读者头脑中展现出生动逼真的图像。汉字是方块字,每个汉字所占书面空间基本相当,因此汉字容易排列整齐,给人外观上的美感。英语是音素文字,其基本结构单位是由音节组成的词,读音决定词的意义和功能。汉语是形、意结合,而英语是音、意结合,在图像美上英语不如汉语,在汉诗英译中汉诗的图像美只能部分地再现出来。

3.诗歌意美的再现

诗歌的音美和形美融入了意美,意美是诗歌的核心和灵魂。诗歌意美包含了意象美、情感美、意境美。宋朝学者严羽认为诗包含"体制、格力、气象、兴趣、音节",诗人姜夔认为诗包含"气象、体面、血脉、韵度"好的诗歌应韵度"飘逸",气象"浑厚",血脉"贯穿",体面"宏大",在诗中有四种"高妙":分别是意高妙、理高妙、自然高妙和思高妙。明代诗人高启认为诗包含"格、意、趣"三个要素,"格以辨其体,意以达其情,趣以臻其妙也",诗人通过语言文字塑造意象,展现优美生动的画面,表达思想情感。诗歌的意象能带给读者强烈的审美感官(视觉、听觉、触觉、嗅觉、味觉等)体验,在其头脑中唤起栩栩如生的艺术场景,让读者感觉身临其境。

(二)诗歌翻译的生态环境

一直以来人们关注的焦点都是诗歌。孔子曾说:"书以道事,诗以达意。"诗歌文学艺术的结晶不难理解的是,此处的"意"和我们日常所了解的"情感"是相一致的,由此可知二者表达的是一个相同的观念,即情感的载体是诗歌。但是,无论是英语诗歌还是汉语诗歌,抛出情感,节奏是不能缺少的成分,这通常表现在诗体的韵律和结构上。对诗歌翻译来说,为了让源语读者和目的语读者感受到相同的感情和情怀,那么原诗具备的特征,翻译的诗歌自然也要有所体现。所以,译者在进行诗歌翻译的过程中,译者要忠于原作,尽可能的在形、音、意三个角度上重新展现原诗之美。诗歌是人类文明的瑰宝,诗歌能够集中地将人类智慧体现出来,诗歌具有激发情志、观察社会、交往朋友的功能,通过诗歌还可以了解很多鸟兽草木的名称。然而怎样跨越时空来翻译这些诗歌对于译者来讲是中英语言能力挑战,同时也是对译者所具备的中西方文化内涵的挑战,是对中西文化差异感和自觉度的考验。诗歌是最基本、古老的文学形式,诗歌是一种让人神往的文学体裁。

翻译是为了相互理解,力求在翻译过程中尽可能的表达原文的内容和意义。诗歌翻译在跨文化交流中有着崇高的地位和不可磨灭的功劳,是异国读者了解和体会原诗所反映的风俗习惯、人文景观和情感意蕴等方面的有效手段。在翻译的过程中各因素之间会涉及到多维转换、整体互动和有序关联,这是生态翻译学提出的,把核心理念定义为"译者为中心",将译者的地位和能动性突出出来,为诗歌翻译提出了有效的理论路线。

翻译生态环境和翻译理论应相结合是生态翻译学所主张的,生态翻译学理论引入了达尔文生物进化论中"适应/选择"学说,并且一直构建和论证了"翻译适应选择论",将这一理论定位为"一种生态学的翻译研究途径"。在翻译适应选择论的基础上,基于达尔文的生态进化论的启发,在整个翻译生态系统中生态翻译学研究,译者享有中心地位,译者的选择行为和适应行为的关系的变化规律,以选择和适应作为新的角度,对翻译活动进行重新解释。从生态学的角度出发,生态翻译学以全新的视角出发对翻译活动进行解释和阐述,对翻译生态系统整体性的重要性进行强调,将评判的依据定义为"三维",三维就是语言维、交际维和文化维,系统的解释和描述对翻译的本质、原则、过程、翻译现象和方法等。由此,翻译活动有了一个全新的理论指导。

生态翻译学提出,翻译是"译者适应翻译生态环境的选择活动"的过程。翻译生态环境指的是"源语、原文和译语所展现出的世界,即文化、语言、交际、社会,还有读者、作者、委托者等相互关联的整体"。从生态翻译学角度出发,翻译的过程被分为两个阶段——译者的选择和译者的适应。译者适应的过程是翻译生态环境选择译者的过程。译者要不断地适应翻译生态环境,接受翻译生态环境的制约和选择,进而不被翻译生态环境所淘汰,融入其中,争取成为其主要的一部分。为了达到"求存、生效"的目的,进而采取"优化选择"的发放,"汰弱留强"、"适者生存"是选择的法则,"多维适应与适应性选择"是翻译的原则。

翻译是民族交流与文化沟通的纽带,是不一样的语言信息之间的转换,努力推进文化进步和人类文明走向高峰,而诗歌翻译在跨文化交流中有着较高的地位。

(三)诗歌翻译中的"三维"适应性转换

翻译活动通过交际维、语言维和文化维三个层次之间的转变得以实现,翻译活动的原则是"多维度适应与适应性选择","整合适应选择度"最高的翻译是最佳翻译。

1. 语言维适应性选择转换

语言维适应性选择转换指的是译者在翻译过程中注重语言形式在不同方面和层次上开展适应性选择转换。从翻译生态环境的角度出发,译者是生态环境的适应者,对整体性进行充分的考虑,逐渐的选择调整词汇,转换语言形式,这是语言维适应性选择转换的观点。

2. 文化维适应性选择转换

双语文化内涵的诠释和传递是在翻译过程中译者比较看重的,这也是文化维适应性选择转换的概念。译语文化和源语文化二者的内涵差异和性质差异是文化维的适应性选择转换所关注的,防止译者通过译语文化对原文进行曲解和误解,强调译者在翻译活动中重视源语语言的文化系统的适应性转换。

3. 交际维适应性选择转换

在翻译过程中译者看重双语交际目的的适应性选择转换,这是交际维的适应性选择转换的概念。交际维的适应性选择转换要求译者关注文本信息所传达的文化内涵的转换,要求译者关注交际层面的选择转换,同时要求文本信息自身的转换,就是重视原文文本信息的交际目的是否一致。

诗歌翻译工作富有挑战性和艰巨性,译者需要极大的勇气和耐力去完成这项工作。在诗歌翻译活动过程中,译者是译文的作者和创造者,同样的译者也是原文的诠释者和读者。因为翻译,跨文化交流不再是困难;因为翻译,世界一家的梦想更近一步;因为翻译,一个国家才能走向世界;因为翻译,不同民族之间才会熟悉。翻译伴随语言而产生,语言的多样化凸显着翻译的独特地位,翻译的重要性不言而喻。在全球化的背景下翻译的重要性也随之增强,翻译的理论也更为多样化和全球化。新兴的生态翻译学就是翻译学进步的体现,随着生态翻译学理论日趋成熟,运用将会越来越广泛。

二、生态翻译学视域下的新闻翻译

随着时代的飞速发展,作为承载信息的工具——新闻报道在原有的基础上延伸了其广度和深度。在全球化的时代背景下,通常情况下我们采用各种各样的媒体来进行沟通,中国处在高速发展阶段,现在急需更多的讯息,也应该第一时间向国外人士传达信息。从某个角度上来讲,新闻翻译有向外进行宣传的义务,我国的国际形象在一定程度上取决于对外所进行的宣传。在互联网上地方性、全球性的各种性质的新闻都在进行实时传播。为了了解不同语言、国家、文化,新闻成了人们认识世界、了解世界的重要渠道。新闻翻译给人们提供了一种全新的视野,让人们获取到了更多的国内外讯息。我们能够将新闻翻译解释为用另一种语言不仅仅要为一种文字写成的新闻表达出来,同时要传播出去,不单单使读者能够获得相关联的信息,同时取得和源语新闻读者相同的启发。新闻信息的传播在原有内容和传播渠道的基础上加入了大量的评论和新闻分析,在一定程度上这增加了新闻翻译工作的困难程度。新闻是传播不同文化的重要渠道,由于英汉两种语言文化是存在一定差距的,所以在翻译的过程中一定要具备一定的翻译技巧和翻译原则。

（一）新闻翻译概述

新闻信息的传播不仅有具体的实况报道,还增加了大量的分析和评论,大大地增加了新闻翻译工作的难度。新闻是重要的跨文化传播载体,在遣词造句等语体方面,新闻有着自己独特的魅力,由于英汉两种语言文化是存在一定差距的,所以在翻译的过程中一定要具备一定的翻译原则和技巧。

生态翻译学从“适应”与“选择”层面出发,将翻译的方法、翻译的过程、翻译的原则和译评的标准进行了细致的表达。如果对生态翻译学的研究从产生和发展的思想基础来看,这不单单深植于全球视野的生态思潮,同时也集合了整体综合、天人合一为特征的我国祖先华夏文明的生态智慧和古代劳动人民的智慧结晶。生态翻译学从研究焦点与理论视角来看,以生态学的叙事方式,对翻译的本质、标准、过程、方法、翻译现象和翻译原则等作出全新的描述和表达,是生态翻译学所关注的。文本被生态翻译学看作是有机体,认为把文本从一种语言环境移植到另一种语言环境就如同把植物或动物从一个地方迁移到另一个地方,只有作出相应改变,适应新环境才有可能生存下来,反之则将遭到淘汰。实际上,在翻译中大到风格、体例、内容的确定,小到如何对词汇、句型、修饰手法进行选择,根据源语、目的语环境的不同,新闻翻译过程或多或少的会受到一定的影响,只是这种关联会表现为不同的程度和形式。

标题、导语和正文是新闻一般所包含的三个部分。一般情况下标题被誉为"新闻的眼睛",整条新闻通过标题得到了高度的概括,标题是信息量含量最集中和丰富的地方。内容主旨通过最简洁的文字得到表达,为读者传递最精彩的内容,通过特殊方法来吸引读者,独特性要通过特殊的方法展现出来,激励读者要采取丰富的语句,这是新闻标题的功能包含的五个层面。导语简单的交代了新闻的时间、原因、地点、人物、事件等要素,一般被称为"5W",这些有的时候用一句话来表达。前重后轻的做法是正文使用的方法,第一要将关键的信息给出,其次将的背景报道,这就是"倒金字塔"的结构。从读者对象、文章特点和翻译目的等方面出发进而确立翻译标准。信息的目的是传递。新闻翻译从某个角度上看不亚于新闻的第二次发布——最大可能、最大限度地在明确原文的内容和信息量的情况下,重新再完整的报道一次新闻。新闻的传播快速便捷,译者在考虑大多数读者的文化水平有巨大的差距。很多国际新闻翻译编辑者采用很多的修饰手法,争取让新闻翻译能更加的吸引读者。新闻报道的目的是为了广泛传播信息。一般情况下,新闻是报道社会中各个层面中出现的最新的动态和事件,为了促使新闻报道生动真实、吸引读者,新闻编写人员经常需要综合使用多样的写作技巧和必要的修辞手法将事件及时迅速传递给大众。

1. 新闻标题的翻译

同样的标题在英语新闻中被当作是新闻全文的缩写,在对英语新闻翻译时翻译人员要把握好文章的意旨和主题,在保留原文含义的同时,充分表达出原作者的思路,同时注重在表述文章标题的时候要尽可能的生动形象,吸引读者的注意力。新闻内容要在新闻标题的翻译中得以体现,在考虑读者的接受能力的同时要注重中英文标题的不同,可以使用三种方式:第一,标题含义直接、明白,翻译成为目标语之后,读者不会在理解上产生困难,则可以基本直译或者直译。第二,标题译成目标语可以保留原文的审美价值和重要信息,又不至于使读者产生理解上的困难。第三,当原文标题采用修辞手法时,这些修辞手法在翻译成目标语时,基本不能达到相同的效果和目的,或者致使原文中的关键信息丢失,所以要进行生动灵活的处理。

2. 新闻导语的翻译

通常情况下新闻导语用一句话概括地点、人物、原因、时间、事件等因素,进而句式复杂。新闻导语的具体含义是:消息的开头是导语,用简洁的文字表达,表达出新闻中最新鲜、最重要、最吸引人的事件,或者是说新闻事实中主要的意义和思想,进而帮助读者可以尽快掌握新闻内容,从而使得读者可以感兴趣地读完整篇的新闻。交际翻译的目的是指译文读者产生与原文读者相同的效果;而语义翻译指的是对译文的信息进行整理和汇总。翻译新闻导语的方法有很多种,相比较之下"拆句法"符合汉语的习惯。第一,在第一段中消息把新闻事实的框架概括的表现出来,进而引导读者对阅读新闻产生浓厚的兴趣,对新闻的了解更加切实,这就是概括性导语的特点;第二,主要事实性导语更加的精确,对新闻中的主要事实中的某一部分、某一情节和片段高潮进行叙述,平铺直叙。这两种新闻导语往往使用顺叙的手法,句法结构不同于汉语中的逻辑思维。短动词、名词和介词是英语中经常使用的,这样语义更加紧凑,使用的情况较多;与之相反的汉语则喜欢用短句、动词,通常这类句子运用拆分法,按相关度合成几个意群组,意义明了。

3. 新闻正文的翻译

目的性、真实性、时效性是新闻报道所追求的,但是因为英语和汉语之间有较大的文化差异,因此不同国家的新闻撰写方式也很不相同,复杂的新闻翻译出来通常缺少可读性,新闻翻译往往被称为"编译"。摘译是翻译新闻中一种容易被接受的方式。译者摘取一些自认为关键的或者传达了重要信息的内容和段落当作要进行翻译的对象,这就是"摘译"的概念。进行新闻翻译时要突出新闻语言的文体特点。在翻译新闻的时候,假设翻译者是简单的对汉语词法特点和句法翻译,或者是对翻译进行简单的平铺直叙的翻译,一般情况下翻译的结果是没有多少吸引力和趣味的,这样的翻译可以说是失败的翻译。所以正确的翻译方法应该要关注原文中押韵、双关、暗喻等词汇相对应的目的语中的词汇,这样翻译出来才可以表现出原文的特点,同时提高翻译的可读性。进行新闻翻译时能够使用某些典故和谚语。

(二) 新闻翻译的生态环境

翻译生态环境是生态翻译学的一个核心概念。源语、原文和译语系统是翻译生态环境的构成要素,是译文生存状态和译者的总体环境。翻译生态环境伴随着近年来研究的不断深入,翻译生态环境更确切地是指原文、源语和译语所构建的世界,就是文化、语言、交际、社会,还有读者、委托者、作者等相互关联的整体。换句话说,译者在翻译过程中,原文要表达的社会环境、文化背景和目标语言环境中的语言环境和文化背景,在翻译的生态环境中,也包括了翻译者教育程度、自身的社会背景和语言环境,这是翻译生态环境的概念。伴随着翻译生态环境的建立,语言翻译中的环境和背景的概念也得到了扩展,进而改变了传统的语言翻译局限在源语境的概念,将过去狭义的语言文化环境拓展到整个源语的语言文化世界。翻译者自身的个人世界和目标语言的文化世界融为一体所建立起来的一个翻译生态环境,根据生态翻译学理念提出的思想,在这样的语言生态环境中,如何将自身的翻译习惯、方式去满足和适应翻译生态环境的需求,这是生态翻译学要研究的。并且在不同的语言翻译生态环境中让翻译者怎样选择翻译过程和翻译方法,让翻译得到的目标语言与目标的语言文化世界、语言环境可以得到进一步的汇合,同时又能够准确地映射源语的文化环境和语言世界。翻译者在翻译过程中,其个人的翻译世界也在不断发展,在翻译实践过程中,翻译者可以对自身的翻译习惯、方法进行提高,并不断的进步,所以生态翻译学的核心理论实质上是目标语言的读者、翻译的译者和原文的作者三者之间共同作用的结果。

（三）新闻翻译的适应性选择"三维"转换

生态翻译学的观点是翻译活动是作为中心的译者对以译者为典型要件的翻译生态环境对译文的"选择"和以原文为典型要件的翻译生态环境的"适应",译者产生译文的翻译过程大致被生态翻译学分为了自然选择译文和自然选择译者两个阶段。这里的"自然"实质上是指翻译生态环境,也就是原文、源语和译语所呈现的世界,或者可以说是文化、语言、交际、社会还有读者、作者、委托者等相互作用的整体。翻译生态环境是制约译者优化选择和最佳适应的许多因素的集合。根据"自然选择"的原理和翻译适应选择理论,在"自然选择"译者的第一个阶段中,以原文和译语为主要要件的翻译生态环境对译者的选择是重点,在"自然选择"译文的第二个阶段里,以译者为主要要件的翻译生态环境对译文的选择是重点,译者要接受以"原文"为关键因素的翻译生态环境的选择,同时在翻译过程中译者进行着对翻译生态环境的选择性的适应。换句话来说,翻译是译者对翻译生态环境进行适应、对翻译生态环境适应程度进行选择和最终产生译文的结果。最佳翻译指的是译者对翻译生态环境适应性选择与选择性适应的累计结果,这指的是"整合适应选择度"最高翻译。

1. 语言维适应性选择转换

两种语言形式的差别主要表现在新闻翻译中语言维的适应性选择转换。英语关注语法，注重"形合"，用外显形态来标记字词成分之间的关系。例如，时态、语态、关系代词、副词、连词等。而汉语关注意义和逻辑之间的联系，根据虚词、词序、上下文关系来表达语法关系。两种语言的差异同时也反映了前者为直线式思维方式，而后者为螺旋式思维方式。在语言表达层面上中英新闻标题具有不用的特色：一是语法形式不同；二是提炼程度有别；主要表现在时态选择、省略和语态选择等角度；三是选择不同的词汇；四是修辞格使用各异。在考虑整体生态环境后，翻译首先面对的是语言维的适应性转换和选择，也就是对译语、源语的语言形式进行的适应性选择转换，在新闻翻译活动的不同层次、方面上，这种语言维度的适应性选择转换活动也时有发生。

2. 文化维适应性选择转换

新闻翻译是一种语言转换成另一种语言的机械过程，新闻翻译是在一定的社会文化背景之下文化的移植过程。译语读者通过这种第二次的传播，不仅仅是能够获得源语新闻记者所报道的信息，同时能够取得与源语新闻读者含义基本一致的内容。实现这一目标给新闻译者带来一定的困难与挑战。在整个的社会进程中，经过长期共同生活人们所形成的价值判断、信仰理念、行为规范体系和思维方式，在一定程度上对新闻翻译有所影响。不同的语言都承载着不同的文化，实际上新闻是对发展中的、动态的文化的反应和体现，译者在文化内容上所进行的转换活动，这体现出译者关注对译语原语文化的阐释和解读。由于译语文化和源语在内容上和维度上通常有一定的差距和不同，译者要时刻注意译语和源语之间的语言转换，注重译语要适应整个语言所属的文化系统，同时在翻译过程要注重源语和译语之间文化内涵的传递。在文化层面进行适应性选择与转换的时候，译者要特别关法源语文化和译语文化在性质和内容上的不同，必须对文化差异具有高度的敏感性，避免从译语文化出发而造成对原文的曲解。

3. 交际维适应性选择转换

交际维的适应性选择转换指的是双语交际意图的适应性选择转换是在翻译过程中译者所关注的问题。不难得出是在说明译者除语言信息的转换和文化内涵的传递之外，选择转换的侧重点是交际的层面，关于原文中的交际意图,可以在译文中有所体现。交际维的适应性选择转换是指双语交际意向转换的适应性选择正在翻译中关注的问题。只有深厚的语言文化知识,才能使得新闻翻译顺利进行。新闻译者一定要熟识目的语和源语这两个不同国家所特有的文化,通过表层文化现象来把握深层文化意蕴,进而使得译文能够更好的表达出原著中的文化特质,有效实现跨文化交际。译者不仅仅要进行语句的转换,还要注重信息的准确传递,在选择和转换过程中,译者除了关注语言信息的传递,更要进行思想沟通,要重视转换和传递文化内涵,要把选择与转换的侧重点放在交际维度上,注意在译文中体现出原文的交际意图。

第二节 生态学在文学翻译中的基本法则

一、生态链法则

生态系统中储存在有机物中的化学能,在生态系统中通过层层传导,让许多生物紧密地联系在一起,营养关系的生物序列被称为食物链,即"营养链"。通过食物链,营养食品网之间的复杂关系,所有生物都被包括在内,让他们直接或间接相互接触,产生相互作用和反应。复杂的食物网作为生态系统功能的基础,不仅能直观地描述生态系统的营养结构,而且可以保持生态系统的稳定。食物网更加复杂,生态系统抵抗外力干扰的能力随之增强;相反,食物网越简单,生态系统更容易发生不平衡和破坏。在复杂的生态系统中,尽管有机体的丧失并不会导致整个生态系统的不平衡,但在不同程度上可以使生态系统的稳定性降低。

文学翻译是译者用一种不同于源语的语言对文学作品进行有效阐释与转写的主观能动性活动,就像自然生态系统一样,文学生态翻译系统主要由文学翻译无机环境和文学翻译群落构成。文学翻译无机环境是指源语文本以及作者、译者、读者和研究者所处的社会文化环境及历史制约条件。文学翻译生物群落是指与文学翻译有关的活动主体,包括生产者、消费者和分解者。与自然生态系统不同,具有双重方向性的生产者的生态文学翻译系统,这里不仅指作者,也指翻译者。作者创作原文,是文学生态翻译链的发动者;译者根据作者的原作进行文学翻译活动,从而创造译文,是文学翻译链的追随者,但是译者在整个文学生态翻译系统中占据核心地位。文学生态翻译系统中译文的读者在其中充当着消费者的角色,因为在文学翻译产品产出之后,读者进行消化与吸收,进而改变文化的载体,转化成为产品的价值。在生态文学翻译中,译者在系统中具有举足轻重的地位。他们在这一生物链的循环当中,先是利用光合作用从无机环境中提炼养分,合成有机物,进而完成产品生产的过程,与此同时,译者还有可能在这一系统的循环中,担任着消费者与分解者的角色。为了进一步提高其生产能力和生产水平,经过完整的生产过程,翻译人员对其翻译进行分析和总结,以便在未来的生产过程中使用可以提高光合作用的能力。

文学翻译的生态链需要翻译内部的规范环境,也需要良好的规章制度和学术气氛的支撑。好的译风,必然带动好的学风,从而形成巨大的精神力量。只有建立起良好的规范和秩序,才能保证文学翻译工作的正常进行,也能够净化文学翻译系统的内部环境,保证文学翻译质量,这样才能在整体上产生巨大的文学生态翻译功能效应。

二、生态位法则

生态系统中的一个种群,在空间、时间上所占据的位置与相关种群间的功能作用与关系,是生态学的另一个主要术语——生态位(ecological niche),也被称为生态龛,表示生态系统中每种生物生存所必需的生存环境的最小阈值。包括生态系统的生物作用和功能本身及其区域。在自然界中,每个具体位置都有不同种类的生物体,如生物活性等生物关系取决于其特殊行为,生理和结构,因此具有独特的生态位。生态位分别有两个层次,即基本生态位和现实生态位。基本生态位由适应物种变异的能力、实际生态位的适应能力、重点与生物因素的相互作用决定,生态位在自然环境中是真实的。在生态学中,生态位是指与特定空间位置,功能,位置和时间相关联的物种和其他物种的生态系统。形成自身生态位的生物在过程中遵循的原则有开拓原则、趋适原则、平衡原则和竞争原则这四类原则。开拓原则是指生物占领,开发所有可利用的利基。趋适原则是指生物需求的本能找到一个良好的利基,这样的趋适行为结果便是导致生物所需资源的流动。由于开放生物体是指生态系统平衡的原则,始终在尽力减少生态潜力的方向上。竞争原则发生在不同种类生物间对环境因子和资源的竞争。

在文学翻译活动中,根据文学翻译活动的客观要求,文学翻译主体或是由个人或是由团队组成,文学翻译主体在文学生态翻译空间中占有特定的生态位,具有其特殊的生态功能,因此也就呈现了独特的行为生态环境。译者行为,可以理解为人对外部刺激的外显性反应,也可理解成人类种种活动或动作有意义的组合。人类文学翻译行为活动不仅有着内容上的多样性,而且在文学翻译特定的领域中,每个人的行为方式也不尽相同,这也就必定会呈现出其文学翻译生物群体以及文学翻译过程动态系统的多样性。同时,各生物群体在文学翻译过程中经过不断的自然选择与互为适应,形成特定的文学翻译形态和文学翻译功能。在文学翻译自然生态系统中,只有文学生态翻译位重叠的文学生态翻译系统才会产生争夺生态位的竞争,争夺最适宜生存的生态区域。文学翻译生物群体的生态位实际上是他们能够获得和利用的文学生态翻译资源空间,文学生态翻译位越宽,文学翻译生物群体的适应性就越强,可利用的资源就越多,竞争力就越强。因此,在文学翻译活动的自然生态中,文学翻译者应该准确地找到自己的生态定位,使得在竞争中的利基重叠系统的生活中,通过竞争找到最适宜生存的生态区域,力争获得和利用最大的生态资源空间,拓宽自己的生态位,提高自己的生态适应性,扩大自己的可利用资源,提高自己的生态竞争力。

三、最适度原则

孔子曾说过:"过犹不及。"古希腊哲学家德漠克里特也说过类似的一句话:"过度时,最适意的东西也会变成最不适意的东西。"这两句名言有着异曲同工之妙,实际上都是涉及了一个度的问题。有关于度是事物质和量的统一,然而质和量是互相制约、互相规定的,每一种物的质,都有无限的多量的等级。唯物辩证法的一个重要范畴是度,根据黑格尔的说法,有质的限量是度。唯物辩证法将黑格尔的界限说运用在客观存在的事物上,认为在数量区域上度是一定的客观事物保持自己质的规定性的,即:幅度、限度、范围等等,是客观事物的质相统一时的限量。事情在增长,但程度相对稳定,事物的变化不仅仅有规律,变化的过程是阶段性的更重要的,是能够逐步认识的主体的。所说的"度"只是一个质和量相统一的规定使得事物存在,在这样的存在当中,效果、状态、满意程度是什么样,便是更具有意义的,更加值得人们进行研究。无论是哪一个存在着的事物都有着自己之所以能存在的度,单从理论上来讲,无论哪一种事物的存在必然有一个最佳适度可遵循。唯物主义辩证法是最优方法的基本原则。中等原则意味着根据主体的要求,质量,控制,选择,创建对象边界,数量,面积,顺序间隔,然后满足需求的主体的最大原则。协调和谐是最优原则的本质,在实践中难以实现,在数量积极调整的条件下,往往保持最优质。

文学翻译中的理想境界是译者单纯的翻译出原著作者的意图信息,使原著的作者和译文读者都了解了语境在其中起调节作用,作者想要传递的交际意图目的自然而然地达到。但是跨语言文化的交际对文学翻译这种来说,比较理想化的是语境相同,原著作者和译者语境中所存在的差异是最多的情况下。因此,译者在文学翻译实践时,在语境是否共享问题上译文读者和原著作者难免会做出错误的估算,进而便会造成欠额翻译和超额翻译。文学翻译实践中常见的现象可以说是欠额翻译和超额翻译,这也是国内翻译理论研究中普遍得到关注的问题。现有的研究对欠额翻译和超额翻译的界定大部分是根据美国翻译理论家尤金·奈达的语言符号学翻译观和语言信息论,他认为在译文中复制与原著信息在语义和语体上的非等就是欠额翻译和超额翻译。具体地说,欠额翻译指的是翻译不足,译者只翻译出信息意图,无视译语读者对源语作者欲明示的语境有可能不共享的事实,再或译者考虑到了译语读者对源语作者欲明示的语境不共享的情况,但直接翻译了交际意图,使得译文所承载的信息量远远小于原著的信息量。而超额翻译就是翻译过头,指的是译者直接将交际意图翻译出来,并没有考虑译语读者对源语作者欲明示的语境有可能共享的情况,简单来说就是指译文承载的信息量要大于原著的信息量。但是文学翻译是一种涉及译者、原著作者和译文读者三方面的交际活动,在对欠额翻译与超额翻译进行界定时不能不考虑译者对译文读者的能动性和原著作者意图的顺应。

四、优胜劣汰,适者生存

在达尔文的进化论基础之上发展起来的一种研究便是生态翻译学。它早期在研究方面主要受到"优胜劣汰,适者生存"法则的影响,这一方法的根基是翻译适应选择理论。自适应选择的翻译理论,基本原理和"适应选择理论"为指导思想是达尔文,选择概念和翻译的语调是用来优先考虑的,是翻译理论中心的核心,一种新的翻译本体论解释翻译理论范式。翻译适应选择理论将翻译活动看作是译者适应生态翻译环境的选择性活动。根据这一理论,翻译是意识形态和文化的移植,是从给定的文化移植到另一种外来文化中,作者的转移,从一种语言到另一种语言的想法。植物或动物的生态从一个地方移动到另一个地方,只能移植过去,适应新的环境,确保物种的生存。也就是说,翻译者选择翻译的程度和质量成为一个直接的比例,而主体性和翻译的戏剧适应度的选择密切相关。所以,坚持译者中心论的生态翻译,认为翻译是一种以译者为中心的智力活动,成也译者,败也译者。

在整个生态文学翻译系统中译者在文字翻译中是一个主体最活跃因素,具有很大的自由空间。但是我们同时注意到,译者的翻译活动要受到各种因素的制约。首先是在某一特定的翻译群落内部,译者活动会受到很多限制因素的制约。限制因素包括翻译主体地位的文化,价值取向,审美气质和兴趣,知识,生活理想和生活态度等。限制因素在整个翻译活动中既会给译者带来积极的影响,如帮助译者理解和适应源语文化,准确把握作者思想内涵等;同时也会对译者产生消极影响,如译者会不自觉地在译文中加入自己的文化理解与价值取向,从而造成译文对原文的不符与偏离。所以在处理这些问题时,翻译者应该准确,客观地理解各种限制因素,合理避免翻译限制因素带来的负面影响。

由于不同翻译群落中的翻译主体所处的无机环境存在一定差异,这就导致了整个生态翻译系统中的不同译者之间产生分歧,进而产生竞争。翻译人员必须面对激烈的竞争"规则,考试选择,适者生存"。在当今世界越来越多元化的文化,翻译研究的快速发展,翻译人员立足于世界生态翻译体系,负责任的态度,宽容,科学精神客观对待外来文化,充分尊重原有文化。合理发挥其主体性,从而客观、准确、有效地移植和介绍原作的文化精髓。另外,作为处于某一无机环境中的译者,在尊重源语文化的基础上,也要积极保持自己的文化与自我文化认同,这样既有利于遏制翻译领域中的文化霸权主义和文化沙文主义,也有利于保护世界文学翻译系统的生态平衡。

第三节　生态翻译学视域下的文学翻译质量

一、译者的素质

在生态翻译学视阈下,译者占据主体地位,和原作者一起构成生态翻译系统内的生产者。原作者创造作品,译者则通过多维转换,将源语言移植到另外一种语言上,在译作中同时进行文化的移植和传承。读者充当生态翻译系统内的消费者,对译作消化吸收,最终形成作品评价、感悟和将其转化为自身的文化价值。生态翻译系统中的分解者是翻译研究人员,他们通过对翻译和翻译理论的研究,从而指导未来翻译人员的生产者或生产活动。翻译质量,读者反馈和多维转换过程是评估整合以适应翻译者的选择性和三者参考指标的确定。运用生态翻译学的整体论和系统论观照译本,可以对影响整个译本的翻译环境进行全面考量。译者素质是决定译文整合适应度的决定因子,多维度转换是译文的翻译策略,读者反馈聚焦各层次读者对译文整合适应度的反应和评价,三者形成有机整体。

在文学翻译实践活动中,译者的素质举足轻重。虽然译者素质的界定比较困难,但译者的资历包括专业资历、学术资历、实务资历等都已经有了一定的标准和认定程序。生态翻译学将译者素质具体厘定为八方面:双语能力、翻译学科熟悉程度、背景知识、跨文化敏锐度、翻译经验、生态翻译环境的判断能力和工作态度等。其中翻译学科的熟悉程度,生态环境的判断力和跨文化敏锐度尤为重要。

文学作品的翻译是一种具有跨文化交流性质的翻译活动。如果译者与原作者态度契合、个性气质相近,在翻译过程中就可以做到心有灵犀,反之,译者在两种文化之间的穿行中很可能四处碰壁,无法起到文化协调人的作用,原作的精髓也会因文化过滤而流失殆尽。生态环境是指世界上的原始文本和目标语言翻译,即语言,传播,文化,社会以及作者,读者,发起人等互联互动作为一个整体,是最佳选择的翻译者适应和收集各种因素。从生态翻译学的角度看,作为译者必须对生态翻译环境中的小说主题、读者、目的语文化和委托者等因素做出整合适应,在此基础上发挥其润色和改写的作用。翻译人员需要与作者全面协调,与读者,编辑,出版商,版权所有者之间的关系,实现翻译生态环境各要素的和谐。虽然翻译本身是有机部分的生态环境,但有时会决定整个环境。通过语言,沟通,文化,社会和作者,读者,发起人互联和整个生态环境的互动,由于翻译因素的主体性因市场需求或发起人因素而被放大,译者出于各种主客观原因过滤源语中的文化异质,导致原文意义的大量流失。译者是作家,势必对创作的原理了然于胸,但是一般的作家成不了译者。虽然翻译也属于创作,却是一种"极为有限的创作"。

翻译的生态学视角,在文学翻译的过程中,翻译能够充分展现自己的适应能力,选择能力和创造能力。生态学强调翻译为特殊语言用户,要实现跨文化交际翻译功能的翻译成功,必须符合具体条件和读者对象语境,选择源语言文字和翻译策略,翻译者以负责任的态度,包容心灵,科学精神处理外来文化,客观做到在尊重原有的基础上,合理利用其主观性,客观准确,有效地移植,引进原本的文化精髓。

二、译本多维转换的程度

译者作为翻译主体,从语言形式,文化内涵和交往意图三个维度的原有风格和文体的风格,整合到适应整体素质的程度上对翻译至关重要。只有恰到好处的三维适应和转换,才可能出现较好的译品。文学作品的翻译中,原作者创造原文,是生态翻译链的发动者(initiator),译者根据原作创造译文,是生态翻译链的追随者。就交际意图来讲,文学翻译的目的有两点,用鲁迅的话说,一是"别求新声于异邦";二是借鉴"异域文术新宗"。简而言之,即是吸取外国文学中的艺术精华,积淀本民族的文化精神和艺术传统,提高自身的艺术审美鉴赏力。有些文学译本对原作进行大量的删减和改写,也无疑剥夺了译语读者咀嚼、共鸣、想象与思索的空间,原文的交际意图在译作中未能很好体现。

胡庚申教授在研究达尔文的"自然选择"翻译研究基本原则应用于哲学,指导达尔文进化理论的"适应与选择"优先,解释翻译活动原则,过程,方法和评价标准,因此提供了一个新的理论基础和观点,来产生翻译实践的正确翻译。胡庚申教授认为翻译实际上是适应生态环境的选择。译者在翻译生态环境当中不断地适应和选择动态转换的过程便是翻译的实质。具体地说,"适应"原始生态环境的典型翻译要求和"选择"典型的生态环境因素是翻译过程。翻译生态环境是翻译者适应各种因素和最佳选择的集合,它是指原始的世界提出的源语言和目标语言,即交际、语言、社会、文化与读者、作者、委托者等相互关联的整体。在生态翻译理论在文学翻译的基础上,翻译者应注意文化,语言,社会维度"三维",多维自适应选择适应性转换"三维"转换到最高选择性之间的一体化,多维度转换程度也成为翻译的评估标准之一,翻译是最好的。译者不仅要注意语言层面上的转换,还要实现文化内涵的传载和交际意图的传递。只有真正的"多维"的生态环境,才能适应翻译过程中的具体翻译过程中的翻译,适当的翻译。"适应"和"多维选择性适应"的翻译水平越高,越好"适应一体化选择","适应最高选择性",所以翻译是最好的。

三、读者反馈

读者反馈是整合适应性选择的"学位"评估和评估,读者在这里是指一般读者和专家读者,还包括与校长有关的翻译活动,翻译出版商,翻译评价理论家等。从某种程度上说,读者反馈这项指标是对译品"市场反馈"的评价。生态翻译学视角下,自适应选择的翻译理论选择六个变量作为读者对象的反馈,出版量,翻译分析,用例,翻译评估统计,客户,并替换替代。读者反馈是公众对译品的反应和接受,体现的是市场行为而不是译评者个别行为决定的社会效果。生态是翻译的核心概念,翻译是翻译者适应生态环境的选择活动,翻译占主导地位。但在译文成形之后,译品质量的优劣则由"优胜劣汰,适者生存"的法则进行仲裁和评断。在新的时代背景下,读者的阅读能力大大增强,知识储备日益丰富,对文学作品译作的要求也逐渐提高,能同时看懂中文和英文的读者越来越多。无论翻译是否成功,首先是读者是否有完整的艺术品,无论是值得欣赏,值得思考,是否阅读想阅读。译者要和译文读者心思相契合,处处能传原作之神,使读者读起来往往不觉得自己所读的是译作。

在传统的翻译批评标准中,认为翻译者在文学翻译质量中的水平和能力,应由熟悉的双语专家学者完成翻译质量检测,但读者对翻译的评价不是专业的批评会直接影响翻译的转移,实现其价值,不可忽视。为读者创造文学翻译,读者参与工作,在创作过程中是读者的接受和反馈,无法实现翻译的价值,现有的关键历史作品是读者的理解。读者通过他们对传统和习惯

的了解及接受进而产生期待视野,译作的价值得以实现也只能与译文读者
互动才能实现,想要有一个很长的人生和影响力,只有经受住时代的考验,
才能认出来自世界各地的读者,感激之情将会发生。

读者的"期待视域"和"前阅读"经验影响着作品意义的生成,所以读者
并不是被动的知识接受者而是文本意义创造的主动参与者。读者的积极参
与是通过翻译创造意义。翻译即阐释,阐释、接受和创造过程是文学翻译的
过程。翻译者的理解在实现文本意义的重要角色之前,翻译者可以产生更
准确的翻译,因为他们将自己的知识,信念和想法带入阅读和理解原文,可
以全面了解原意。想要实现理想的翻译,翻译需要在翻译过程中考虑读者
和读者的期望视野融合。作为翻译过程中翻译者的翻译积极主动参与和创
作,原文和翻译不再是孤立静态物体的自给自足,翻译不再客观地"复制",
而是原始文本的"等价"。一个积极的,具体的过程,包括创造因素,成为翻
译者的翻译和口译活动。

读者反馈是测试或评估,提及翻译质量因素与翻译标准提前有非常不
同的规则,并不是衡量翻译的好坏。翻译是对还是错,好或坏最后是看读者
的理解和反应。成功的翻译,基本上看到读者对翻译的理解和接受情况,传
统的翻译批评评判一部译作优劣的标准是看其与原文的忠实、对应或者等
值程度,从读者反馈理论和接受美学考虑,从读者反馈理论和验收美学。翻
译的好坏取决于发现,读者对翻译价值的理解存在于读者的回应和评价中,
所以翻译的效果与读者的翻译效果密切相关。专注于读者阅读的回应工作
本身就是一个一对一的阅读效果的翻译或一些特定的读者,翻译语言功能
的一般表现和意识形态内容的沟通功能,以及外来文化影响的作用。翻译
如何算是完成任务,只有在这几个方面给读者带来了影响和反应才算。读
者在接受活动中的中心地位的确定是读者在接受过程中的能动作用。影响
翻译策略是读者的可接受水平,读者的翻译批评是促进读者对翻译的回应
和评价的发展。不管是"善译"、"神似"、"化境",还是"信、达、雅"乃至"意
美"、"音美"、"形美"等翻译标准无不联系到读者或接受者因素。读者考虑
作为基础,文学翻译是判断流畅和可读性的重要标准,另一方面对翻译的重
要因素的评估是对读者的期望和要求。与翻译目的相关的翻译标准的确定
在很大程度上是读者认知和需要的目的,以及翻译读者的反馈意见。翻译
中的每个翻译应该在不同时段有不同的读者群,不同类型的读者也应该有

不同的翻译标准。

四、商业化背景下的文学译本的质量

文学译本的销量有时被认为是与文学译本的质量息息相关的,然而文学译本的艺术生命力与其商业价值却无必然联系。国际出版集团企鹅(Penguin)在新加坡,新加坡分行透露以前的媒体,几乎没有人对张爱玲的文学作品进行英文翻译,然而在电影《色·戒》的带动作用下,读者对张爱玲的《色·戒》英译本的需求量显著增加,尤其在电影《色·戒》刚上映不久,《色·戒》的英译本的销售量就超过 1000 本。当初惠特曼自费出版他的《草叶集》时,诗歌并不受欢迎,虽然也有慧眼识英才的人对其作品进行翻译,可是原作的销量都不尽人意。然而 25 年后,《草叶集》在美国成为畅销书,各种语言的译本也开始为各国读者所青睐。福克纳的代表作《喧哗与骚动》第一次发布,一年只卖了非常少的几本,更不用说翻译了。但后来这部小说被译成许多种文字在各国流传,福克纳本人也因这部作品而获诺贝尔文学奖。与此相反,许多一时造成"洛阳纸贵"的文学作品及其译本在风头过后却鲜有人问津。

好作品未必受到文学市场立即欢迎的,而暂时受到文学市场冷落的,就一定是不好的作品。一时的商业价值与文学作品及其译本的内在的审美价值并不是一回事,这两者间常常发生背离。文学作品及其译本的商业价值与审美价值相统一是值得追求的,但是文学作品及其译本的畅销与否只是取决于原作及其译作符合当时读者的一般审美趣味和大众消费时尚的程度。人们艺术趣味的平均水平导致许多优秀作品的艺术追求往往高出作品而常常遭受冷落。随着时代的审美趣味的变迁和读者的艺术修养的提高,这种冷落只是暂时的,最终人们会发现和接受真正优秀作品的艺术价值,进而获得更为久远的艺术生命力。

在商品经济条件下,文学翻译质量优劣的评判具有相对复杂的特性。在市场经济条件下,有文学商品化和翻译的趋势,一些新闻盲目地迎合读者的粗俗趣味,热衷于出版一些带来巨大利润的文学和翻译,使得一些译者及其译本为大众熟知和推崇,显示出译本的较高市场价值。但我们应该看到,文学倾向不一定会导致文学翻译水平的商业化下降,娱乐大众的流行文学的繁荣,使高科技的萎缩,探索的意义不一定会杀死文学的良好翻

译表现。商业社会赚钱动机极为强烈的译者,并不一定就不能生产出质量上乘的译作。在商业社会中,翻译者的创作既是追求真正的目标,也是追求外在目的的赚钱。但是,一旦你得到笔,进入文学翻译的艺术境界,作家至少会暂时忘记抑制外部功利主义动机,服从社会责任感和使命感的动机。此外,支配一个译者运思走笔的只能是文学翻译自身的审美规律或艺术规律,对于译者来说最为关键的是译者的生活体验、情感积累、审美修养和艺术技巧的深浅高低和优劣。有些人为了文学而译,脑子里不存在丝毫的金钱思想,译出来的可能是垃圾;另一种人为了金钱而译,却也可能创造翻译的奇迹。

第四节　生态翻译学在文学翻译中的体现

一、张爱玲:生态翻译学与文学翻译作品

(一)张爱玲文学作品的翻译与创作

1.张爱玲的悲剧意识

　　张爱玲是彻底的悲观主义者,这源自她特殊的家庭背景和个人经历。张爱玲出生于名门望族,曾外祖父是清末重臣李鸿章,祖父是晚清名臣张佩纶,他们都曾在中国历史上扮演过重要角色。但是张爱玲的父亲张廷重没有继承祖父辈的精神气质,却养成了恶少习气—抽大烟、纳小妾、嫖娼妓、嗜赌博,张氏家族到了他这一辈就逐渐衰败了。张爱玲的祖母李菊耦曾经写过一首诗:"四十明朝过,犹(尤)为世网荣。蹉跎慕容色,煊赫旧家声",颇能表达对家族辉煌不再的沉痛。张爱玲没有赶上家族的盛世,却目睹其走向衰落。不仅如此,张爱玲父母长期不和。母亲黄逸梵思想开化,是一个追求自由的勇敢的新式女性,与腐朽的丈夫的价值观、人生观差距巨大。丈夫和妻子之间的争吵终于发展到不可调和的矛盾。黄逸梵几度丢下儿女,以抛弃亲情为代价,远涉重洋,追求新的人生。父亲重新娶妻,由于继母的掺和,父亲对张爱玲甚为不仁,曾经将其囚禁数月。因此,张爱玲遭受人情的冷暖,缺乏家庭的温暖和亲情,这让她写下"生于这世上,没有一样感情不是千疮百孔的"这样让人觉得心痛的句子。

张爱玲生活在乱世及动荡的时代在张爱玲身上留下太多印记。张爱玲曾踌躇满志,中学毕业时,她考上伦敦大学,但是欧战爆发,她只有就读于香港大学。在港大期间,张爱玲勤奋,甚至获得了两项奖学金,也有望前往英国学习,然而,"那一类的努力,即使有成就,也是注定了要被打翻的罢?……我应当有数……"张爱玲被迫中断学业回到上海,"进了大学,但因为战争,不能去英国,而是去了香港,三年后,因为战争没有继续读书而是选择回到上海",上海紧接着就沦陷了。尽管事实证明上海的沦陷后来成就了张爱玲,但是战争使得张爱玲的求学之路颇不平坦,雄心壮志敌不过战火的摧毁。动荡的岁月中,不可知的命运总在破坏人的计划,乱世中的人们,终究只能接受命运的摆布,这一点是张爱玲,也是那个年代的所有人的宿命。因此,张爱玲会感到惶恐:"个人甚至等等,时间匆忙,一直受损,会有更大的伤害来了。有一天,我们的文明,无论是升华还是华丽,都将成为过去的事情。""人正处于生命的时代,但在这个阴影下沉的时代,人们就被放弃了。"这种大限将至的恐惧一直隐隐地笼罩着她,家国的动荡不安、家族的大起大落、个人经历的坎坎坷坷,张爱玲说"长的是磨难,短的是人生",她见证了太多浮游的人世情感与仓促的生命,使她对人生、对生命产生了悲观情绪,这种悲观情绪进而转化成了浓郁的苍凉感。

张爱玲表示自己的创作理念:"我就像庄严而又悲壮的人,喜欢荒凉,英雄强壮,只有不美,似乎是缺乏人性。庄严和激动,是一种强烈的对比,但它是刺激的或鼓舞人心的。荒凉更深,回味悠长,因为像淡绿色的树叶,是一种锯齿状的。"张爱玲将创作分成苍凉、悲壮和壮烈三个境界。

英雄没有悲伤,但太单调和刺激;荒凉是广泛的,更多的悲伤。人们在最终结果面前的努力是无意义的,这不是悲剧,而是荒凉。张爱玲小说的中心思想就是想要表达对命运无力抗争的惆怅。曹七巧、葛薇龙、霓喜、白流苏……张爱玲笔下的女子都是聪明机巧的,但是都逃不出悲剧的命运。曹七巧套上了黄金的枷锁,丧失了理性;葛薇龙在现实的诱惑下,从一个无辜的学生变成一个社会的交际花;霓喜先后与多人同居,想成为合法的妻子,一次又一次地被计算,挣扎,但往往是人财两空。张爱玲的人物坚持生活,小心翼翼,为争取自己想要的人生奋斗,但最终失败了。

即便是"团圆剧"《倾城之恋》,主人公也逃脱不了命运的掌控。白流苏的丈夫赌钱、抽大烟、纳妾,于是她与他离了婚。但是流苏对命运的抗争,换回的却是另一种歧视——娘家人的冷嘲热讽和兄嫂的挤兑。流苏想与范柳原结为夫妻,在与之一次次心理攻防战之后,还是不能如愿。太平洋战争爆发,香港的垮台和个人的命运会帮助她,终于流苏他们如愿以偿地成为合法的丈夫和妻子,这样可以使人产生更深的绝望和悲伤。张爱玲的笔下,生命是悲哀的,人做不了自己的主,外界的力量,无论是男人还是女人,都无法抗拒,人在命运面前无能为力。这就是张爱玲所理解的生命的真实。①

　　1918 年《新青年》刊出"易卜生专号"。《娜拉》一剧女主人公娜拉作为现代中国女性,在解放思想和知识分子的象征的帮助下,,"娜拉"被称为封建家庭的女性,像娜拉一样逃脱。当有很多女性寻求自由时,还有人从生活到创作都学《娜拉》。面对国家正在进行的模仿娜拉激情,鲁迅发表著名演讲《娜拉走后怎样》,指出娜拉走后的两条路:不是堕落,就是回来。张爱玲编过一出戏,戏中说到有人拖儿带女去投亲,和亲戚闹翻以后,愤而要走:"他愤然跳起来道:'我受不了这个。走! 我们走!'他的妻哀恳道'走到哪里去呢?'他把妻儿聚在一起,道:'走! 走到楼上去!'——开饭的时候,一声呼唤,他们就会下来的。"张爱玲以此引出后文"中国人在《娜拉》一剧中学会了'出走'。无疑地,这潇洒苍凉的手势给予一般中国青年极深的印象。"张爱玲认为,没处可走,走也只能是从一楼到二楼。因此她才会在"走"字的后面加上感叹号"!"以示潇洒,走到哪里去?"走到楼上去"。白流苏她离婚了,离开了,但她回到了娘家,面对的是家庭的歧视,对于没有知识,肩不能挑,手不能提的流苏而言,她还可以能做什么? 一只有做"女结婚员",找一个有经济保障的男子,有了婚姻的保障就有了生存的保障。如果不是香港沦陷的成全,她最好的命运就是沦为范柳原的情妇。七巧粉碎了她的爱情,粉碎儿子的婚姻、女儿的爱情,直到最后,她可以直接把手镯推到腋下,也粉碎了自己,也变得彻底"玻璃盒的蝴蝶标本,鲜艳而凄怆"。而姜长安,当她碰到童世舫,生命中第一次也是唯一一次蹦出火花时,她企图超越自己的命运,然而狡诈阴鸳的母亲最终熄灭了她心中的火焰。现实是复杂、不可理喻的,对女人而言,摆脱几千年来的男权压迫何等困难,广大女性"不是笼子里的鸟。笼子里的鸟,开了笼,还会飞出来。她是绣在屏风上的鸟——恓郁的紫色缎子屏风上,织金云朵里的一只白鸟。年深月久了,羽毛暗了,霉了,给虫

---

　　① 张爱玲.《倾城之恋》

蛀了,死也还死在屏风上。"她们没有愿望,没有能力飞舞,即便出走只能走到楼上,抗争更加毫无意义,"明知挣扎无益,便不挣扎了。

2. 在普通人的生活中寻找传奇

注重人生安稳的一面是张爱玲的一个重要的文学思想,这一思想是张爱玲在回应傅雷的批评时提出的。傅雷批评说:"……斗争是我们最感兴趣的题材。对人生的一切都是斗争……人的活动脱不了情欲的因素……去掉了情欲,斗争便失去活力。情欲而无深刻的勾勒,便失掉它的活力,同时把作品变成了空的僵壳。"张爱玲反驳道:"我发现弄文学的人向来是注重人生飞扬的一面,而忽视人生安稳的一面。其实,后者正是前者的底子。又如,他们多是注重人生的斗争,而忽略和谐的一面。其实人们就是要求和谐的一面斗争。"张爱玲说,浮在天空和安全直接指的是两个地区,一个是激进的戏剧性冲突,另一个是平凡的日常生活。傅雷倡导的是以斗争为内容的创作,而张爱玲提倡的是以日常生活为叙事内容的创作。因为"斩钉截铁的事物不过是例外",轰轰烈烈不过是人生的偶然,斗争只是人生的一个部分,而人生更多的是和谐,是安稳,是普通人过着平常的日子。张爱玲倡导文学应该是"从日常生活必需品,肥皂,水和阳光到现实生活中",从生活永恒的日常叙事中,即人性的永恒。

张爱玲对生活在底层的人有特别的尊重。她认为,"在变革的时代,大多数可以显示出变化的复杂性,而不是明确地站在英雄面前,而是生活在有生命的后面",张爱玲宣称"虽然他们是虚弱的凡人,不如英雄一样好,但超过凡人英雄可以代表的时间量"。凡人是人世中的大多数,生活是由普通人组成的,历史不是只由杰出的人物写就的,英雄总是和凡人有着太遥远的距离,对读者来说,只有凡人的人生才是真实的人生。因此,文学要想打动人心,就要表现凡人的真实生活状态。"极端病态与极端觉悟的人究竟不多。时间太沉重了,不是很容易理解。多年来,人类的生命下降,地球上如此可见的地球疯狂,仍然有底线。所以我的小说中,除了《金锁记》里的曹七巧,全是些不彻底的人物。他们不是英雄,而是这个时代的负担。因为他们不是完全,而是什么是认真的。他们没有悲壮,只有苍凉。"所以张爱玲的小说就是"寻找普通百姓的传说,在普通百姓中寻找传说"。她的小说基本都是围绕家庭展开,描写普通人谋生、谋爱的故事,从人生的基本形式来表现生存的困惑,通过不彻底的人物的琐屑人性表达她对凡人的怜悯之心。①

张爱玲的悲剧意识以及书写普通人的诗学观一以贯之地体现在她的翻译活动中。虽然翻译 The Old Man and the Sea 非张爱玲本人的选择,但是由于原作的主题思想与她的文学理念产生了契合,张爱玲不但倾注了大量心血去翻译,而且还特意为之作序,并且这部小说的翻译对张爱玲后期的文学创作也产生了影响。张爱玲的悲剧意识也同样表现在她对 The Yearling 的解读和翻译上。下面将从张爱玲对原作的解读和翻译策略的运用入手,以张爱玲的译本与其他译者的译本进行对比,分析张爱玲的诗学观对其翻译的影响。

3. 张爱玲的翻译对其创作实践的促进

(1)欧化句式

西方先进的科学技术及思想文化在 19 世纪末、20 世纪初进入中国,这其中包括语言文字,对中国社会以及文化产生了巨大影响。五四时期兴起白话文运动,但是白话文存在干枯、贫乏的缺点,学者们纷纷提出要用西方语言改良白话文,通过精密语言表达精密思想。傅斯年甚至提出:"我们做了这个词的方法,不得不用西方的习惯,与西方人表达。……直接与西方文化的设计,构图,语法,词汇和语法……所有的修辞方法,导致一种超越普通话现在,欧洲语言,因此一种现代中国文学成就。"他更断言:"中文由欧洲人来说,这是不可避免的。"

汉语欧化直接受到了文学译介活动的推动。中国的晚清时期,小说翻译中文言作为主要的翻译译语,但是译者们也会结合西方国家的语言、词汇、语法来运用到译作中。其中,梁启超的"新文体"、章士钊的"欧化古文"以及许多新时期文学名家的作品中都有西方国家语言方式的影子。从 1919 年到 1949 年,西方文学作品被大量引入中国,随之产生的结果是,翻译语言欧化的倾向更加明显,欧化汉语逐渐成为翻译文学的主要语言。周策纵认为,五四以后的文学翻译活动是"用新的翻译技巧介绍现代西方文学。……作品被译成一种语法和风格都受原来欧洲语音影响的中文"。直译语言遂成为译语的主流,鲁迅甚至旗帜鲜明地提出"硬译"方法。"五四以后,情况发生了变化,直译迅速成为文学翻译的主流。英语文学的汉译者们开始注

---

① 张爱玲.金锁记[M].哈尔滨:哈尔滨出版社,2005.

重对原文语言、文化、文学成分的保留,译文中的欧化成分开始增多,陌生的文化意象也频频出现,甚至出现了死译、硬译等现象,译文中异质性成分所占的比例逐渐加大。"

1941 年,张爱玲开启了她的译者生涯,她的译作《谑而虐》采取的即为直译策略。

首先,保留原文句式,大量使用定语、状语,拗口的长句子频繁出现:

例1　The good manners of educated Englishmen, which are the most exquisitely modulated attentions I have ever received.

受过良好教育的英国人的礼貌,这是我所收到的最精辟的调整注意。

例2　Englishwomen's shoes look as if they had been made by someone who had often heard shoes described, but had never seen any...

英国女子鞋子看起来好像是由经常听到鞋子描述的人制造,但从未见过任何……

例3　I have just bought a pair of English bedroom slippers and I not only cannot tell the left foot from the right, but it is only after proound deliberation that I am able to distinguish between the front and the back.

我刚刚买了一双英式卧室拖鞋,我不但不能从右边说出左脚,而且经过深思熟虑后才能区分前后。

其次,直译标点符号,尤其是破折号。

《谑而虐》短短一篇文章竟有 15 个破折号。这些破折号起到解释说明、转折以及递进等作用。

例1　And Englishwomen – even the brainy ones, apparently – meekly concur.

英国女人——显然,连有脑子的都在内——谦卑地表示同意。

例2　Were it not for the countryside round about, I would not stay an hour in Stratford—I keep expecting that somebody all dressed up as the immortal bard will corn rushing out with a jingle of bells and a jovial shout...

如果不是农村的话,我不会在斯特拉特福停留一个小时——我一直期待有人全部装扮成不朽的吟游诗人,叮叮叮当地响起一声欢呼声。

例3　All of Stratford, in fact, suggests powdered history—add hot water and stir and you have a delicious, nourishing Shakespeare.

事实上,所有的斯特拉特福德,都建议一些粉状的历史——添加热水,搅拌,你有一个美味、滋补的莎士比亚。

例 4 The problem of buying shoes in London – is almost insoluble – unless you pay a staggering tariff on American ones.

在伦敦购买鞋子的问题几乎是不可能的——除非你对美国人支付惊人的关税。

例 1 及例 2 的破折号在原文中起到解释说明的作用,其中,例 1 说明即便有脑子的英国女人也赞同英国男人瞧不起自己的做法;例 2 解释尽管不愿意,我还要在斯特拉福德逗留的原因;例 3 表示意思的递进,进一步说明何为制成粉末的历史;例 4 表示转折,突出在伦敦买鞋难的问题。

破折号是欧式标点符号,具有独特的修辞功能。它不仅在表示语气停顿及表达语气的情态方面功能显著,而且具有表情达意的文体修饰作用,令文章更加精悍,语言更有内涵,增强作品语言的魅力,给读者更大的想象空间。事实上,这几处的破折号都可以用逗号等其他标点符号替代。如第一句话,用逗号隔开则成为"英国女人,显然,有脑子的都在内,谦卑地表同意",虽然这样意思不变,但是却失去了强调及讽刺的效果。

有学者指出,直译的风格直接导致了汉语语言的欧化。那么,张爱玲对英文作品的直译更是直接促进了她本人语言的欧化。

余光中这样评价张爱玲的语言:"张爱玲的作品优雅,但分析她的语言,是一种多重谐波。"余光中所谓"多元的调和"即指中西调和,中国语言与西方语法结构的绝妙结合。张爱玲擅长运用旧语言,她的创作作品灵活使用诗句、成语、俗语,清晰地表现出作者旧学的功底。张爱玲套用旧式成语,将其翻译成"谑而虐",表示"开玩笑很尖刻",从风格到意思都严丝合缝。张爱玲对语言的感受和掌握深入骨髓,不能不说这是一个妙译,呼应了张爱玲自己的话:"中国人向来喜欢引经据典……几乎每一种可能的情形都有一句合适的成语来相配。"

(二)生态翻译学视域下的张爱玲文学翻译

1. 翻译生态环境中游离与回归的译者张爱玲

(1)游离社会政治环境——动态性、时代性和地缘性

张爱玲文学翻译生态系统的外部结构包括政治环境、经济环境、文化环境、社会环境。翻译者的翻译活动成功可以唤醒和良性循环,翻译者的主观

主动性。生态环境决定了翻译者的翻译和生活环境的翻译，它可以限制翻译者能够使翻译者有选择性的维度。1952年张爱玲到当时还是英国殖民地的香港，为了生计受雇而译，在美国驻香港新闻处从事翻译工作。新的地方一直是美国政府执行对其他国家文化渗透，中美在意识形态斗争前列的重要性。张爱玲翻译传达美国文学经典美国社会的价值观和海明威的《老人与海》。离开中国的张爱玲脱离了官方有组织的翻译出版体系，其译作不可能真正打入大陆市场，加之受雇于美国新闻处，政治背景更加复杂化了。20世纪五六十年代，港台地区及东南亚文学场的赞助人、诗学以及读者诸因素不仅决定了张爱玲翻译策略和风格，而且当时文学场结构十分有利于其作品的接受与传播。因此，张爱玲译作在香港地区及东南亚流传较广，80年代又进入了台湾地区，均产生了一定影响。

（2）囿于出版主体/存于赞助主体——适应性、选择性和持续性

张爱玲文学翻译生态系统的内部结构包括出版（赞助）主体，创作主体，翻译主体，接受主体，评论主体，守护主体。50年代初张爱玲离开大陆进行翻译工作。张爱玲的《老人与海》中译本于1955年由香港中一出版社出版，1972年1月改由香港今日世界社出版。今日世界社版《老人与海》删去了张爱玲的译序，由美国学者所作《老人与海》英文版序取而代之，序的中译者为美国哈佛大学教授。张爱玲翻译的《老人与海》，偏居香港，长时间内无缘于国内读者，在中国对海明威译介的文学系统中，张译的《老人与海》一直处于十分边缘的地位。由于香港的情况，张爱玲涉及政治的翻译活动，还有不菲的译金，但张爱玲总是不喜欢并且离开政治。张爱玲一生与很多出版社（公司）合作过，如香港天风出版社、香港今日世界出版社、香港天地出版社、香港中一出版社、纽约司克利卡纳公司、香港霓虹出版社、哥伦比亚大学出版社、英国凯塞尔公司等，一直处于适应、选择、适应之中。从某种程度上说，张爱玲翻译的成功主要取决于其翻译调和策略和赞助人。她的译作由出版社出版，并有一定的稿费收入，成为其全身心投入翻译的必要条件。但回顾张爱玲的翻译生涯，在选材方面她的自由度不大，大部分情况下是由赞助人或翻译活动发起者选材的。只有两个例外，一是她的翻译处女作《谑而虐》，二是翻译收山之作《海上花列传》。一代才女只有迈入纷繁复杂的社会之前和跳出红尘俗世之外，才完全出于自己的兴趣和爱好而译，无奈在适应中选择，然后再被迫适应。翻译文学作品作为文化消费产品在市场流通中，如果

能得到一些个人或机构的各种形式的赞助,将更容易产生影响力,占据更多的市场。

2.女性经验与生态女性主义翻译调和的译者张爱玲

(1)生态女性主义翻译观

苏珊·巴斯内特和安德烈·勒菲弗尔合著的一书《翻译、历史与文化》的问世,标志着翻译的文化转向。从此,女权主义思想出现在很多翻译研究中,翻译研究集中在女性主义,推翻男性集权制和人类集中制。生态女性主义是女性主义的延伸,生态女性主义是生态与女性主义融合的产物,从女性和自然生态的角度来看待环境。男性大都是把生态自然环境当作狩猎场,为所欲为,与自然生态相悖;而女性则是以温柔善良为主要性格,与生态自然和谐相处。原作与译作之间的关系是平等的,翻译不再是语言符号的简单机械转换,而是创造性的活动。本质是操纵文字,翻译到文本传达,重写过程。

(2)张爱玲生态女性主义翻译

张爱玲与世上所有的女人的异同点是:她的生理机体是女人的,她的魅力外表是女人的,她的感知思维是女人的,她的生活情趣是女人的,她的情感世界是女人的,她的人生感悟是女人的,她的叙事风格也是女人的,她的翻译思考更是女人的。张爱玲非同一般的人生经历,使女性主义在其骨子里生根、发芽、结果。《海上花列传》是韩邦庆写的最著名的小说,也是中国第一部方言小说。小说讲述了上海青楼女子生活及其婚恋观,最重要的是文章展现了强烈的女性独立意识和女性意识的觉醒。《海上花》以生动丰富的人性和人文内涵为主,使得张爱玲情系《海上花》,并将其作为永久的精神伴侣。张爱玲如此疯狂,感谢她长期以来特别注意女性心理学的深刻思考,还有自我婚姻带来的内心伤痛使她格外向往人间真情——于无情处迸发出的真情火花。反对译者过分"隐身",凸显女性在主体中的地位。正因为忠实于女性意识和原文风格,张爱玲对译文进行了合情合理的操纵,此处的"忠实",不是对原文的"摹仿";此处的"叛逆",不是对原文的背离。而这恰恰是张爱玲文学翻译的策略性、创造性删节。①

张爱玲作为女性译者在文学译作中彰显女性意识,力图使女性经验与

---

① 《海上花列传》(又名《海上花》),中国近代小说。

生态女性主义翻译调和。随着国内意识形态领域的纷争逐渐平息,中西方文化的不断交融与碰撞,文化取向日趋多元化,新的文化观、价值观正在孕育之中。多元、宽松、包容的良性互动是翻译生态环境所呈现出的特有性质,以及未来发展趋势。张爱玲的翻译成就也越来越被译界所认可,呈现出可持续发展的势头。

二、林纾:生态翻译学与文学翻译作品

(一)林纾的文学翻译作品及其影响

1. 林纾和《巴黎茶花女遗事》

"一个传统,每过一段时间,总会有某个人或某件事对它产生重大影响(Once in a great while a cataclysmic event or powerful individual may have a significant effect on a given tradition)。"林纾就是这样的人,林纾与王寿昌合作翻译的《巴黎茶花女遗事》就是这样的事。

《巴黎茶花女遗事》背景——林纾翻译

林纾并非第一个翻译外国小说之人,《巴黎茶花女遗事》也并非第一部被译成中文的小说,甚至不是林纾的第一部翻译小说,但是就影响而言,《巴黎茶花女遗事》这本小说绝对称得上是晚清第一翻译小说,说林纾是晚清小说翻译的第一人也绝对名副其实。林译《巴黎茶花女遗事》在小说的概念,主题,技巧甚至多方面,如语言,传统小说观念的影响。

在林纾的《巴黎茶花女遗事》之前,已经有一些翻译小说,包括世界闻名的小说,但效果不大。至于林纾究竟从何时开始翻译小说,我们不得而知。我们从《新编增补清末民初小说目录》可以得知,林纾在翻译《巴黎茶花女遗事》之前,最起码在 1897 年,就曾与魏易合作,翻译了爱尔兰小说家斯蔚夫特(Jonathan Swift)的小说《葛利佛利葛(海外轩渠录)(Gulliver's Travels)》,由上海珠林书社出版。而据张俊才从林纾的《七十自寿诗》的注释推测,1895 年底以前,林纾就已译过一些西洋小说,并向其母讲述故事情节。

1897 年林纾开始对《巴黎茶花女遗事》进行翻译。1895 年,林纾的母亲病重,林纾夫妇悉心照料。年末母亲去世,但是妻子刘琼姿却积劳成疾,于1897 年夏末去世。由于林纾中年丧偶,不可避免地情绪低落,然后魏翰和王寿昌的法语小说翻译,林纾与他们一起受到启发。林纾一开始怕不能胜任,

婉言拒绝,但是魏翰却再三请求,并答应与其一同游览石鼓山后,林纾才勉强答应。于是,在游览福州著名的风景区石鼓山的船上,王寿昌手执法文原著,口授小说内容,林纾则"耳受手追",落笔成篇。后来林纾也曾回忆过这桩往事,他说:"回念身客马江,与王子仁译《茶花女遗事》时,时则莲叶被水,画艇接窗,临楮叹喟,犹且弗怿。"就这样,《巴黎茶花女遗事》就这样传奇般地在中国问世了。①

2. 法式带来的困惑

根据埃文·佐哈尔的定义,法式即"制约产品生产和使用的法则和素材(rules and materials which govern both the making and use of any given product)"。在这些法则和素材当中,有一些是历史上延传下来的"前知识",构成了传统的一部分,其中包括叙事方式、主题等。

在翻译《巴黎茶花女遗事》时,叙事视角是林纾首先遇到的问题。小仲马的这部名著是以第一人称叙事,令人觉得亲切、真实、可信。唐代张文成的传奇《游仙窟》、清代沈复的《浮生六记》、纪晓岚的《阅微草堂笔记》,都是以第一人称叙事的作品。在中国的传统小说中,虽然在第一人称叙述作品中,但是第一人称叙事模式不是主流。所以,林纾想要开启民智,让尽可能多的人来阅读此书,就不得不顺应读者的期待视野,把"我认为"译成"小仲马曰"。林纾的处理方法和严复翻译赫胥黎的《天演论》时所采用的方法如出一辙。"赫胥黎独处一室之中,在英伦之南,背山而面野。槛外诸境,历历如在几下。乃悬想二千年前,当罗马大将恺撒未到时,此间有何景物。"由于受传统的影响,两人都尽力避免直接用第一人称"我(余)"来叙述,而改用第三人称视角。因为《巴黎茶花女遗事》全书都是用第一人称,所以林纾在开卷伊始,用"小仲马曰"告诉读者:书中的"余"即"小仲马",使得读者不至于感到奇怪。事实上,对西洋小说的第一人称叙事感到困惑的不仅仅是林、严二人,李提摩太在翻译毕拉宓的《百年一觉》时,就曾将原著的第一人称叙事改为第三人称叙事,以迎合中国读者。张坤德在翻译福尔摩斯系列侦探小说中的第一篇《英包探勘盗密约案》时,也采用了中国读者所熟悉的第三人称的全知叙述视角,很大调整了故事的叙述结构。

小仲马曰:凡成一书,必详审本人性情,描画始肖,犹之欲成一国之书,

---

① 林纾译.《巴黎茶花女遗事》

必先习其国话也。今余所记书中人之事，为时未久，特先以笔墨渲染，使人人均悉事系纪实。虽书中最关系之人，不幸夭死，而余人咸在，可资以证此事；始在巴黎，观书者试问巴黎之人，匪无不知；然非余亦不能尽举其纤悉之事，盖余有所受而然也。

"我认为只有在深入地研究了人以后，才能创造人物，就像要讲一种语言就得先认真学习这种语言一样。

既然我还没到能够创造的年龄，那就只好满足于平铺直叙了。

因此，我请读者相信这个故事的真实性，故事中所有的人物，除女主人公以外，至今尚在人世。此外，我记录在这里的大部分事实，在巴黎还有其他的见证人；如果光靠我说还不足为凭的话，他们也可以为我出面证实。由于一种特殊的机缘，只有我才能把这个故事写出来，因为唯独我洞悉这件事情的始末，除了我谁也不可能写出一篇完整、动人的故事来。"英文译文如下：

In my opinion, it is impossible to create characters until one has spent a long time in studying men, as it is impossible to speak a language until it has been seriously acquired. Not being old enough to invent, I content myself with narrating, and I beg the reader to assure himself of the truth of a story in which all the characters, with the exception of the heroine, are still alive. Eyewitnesses of the greater part of the facts which I have collected are to be found in Paris, and I might call upon them to confirm me if my testimony is not enough. And, thanks to a particular circumstance, I alone can write these things, for I alone am able to give the final details, without which it would have been impossible to make the story at once interesting and complete.

从开篇第一段，我们就不难发现林译的典型毛病：错讹、删节。"讲一种语言"变成了"成一国之书"，"我还没到能够创造的年龄"变成了"今余所记书中人之事，为时未久"，而"只好满足于平铺直叙"却成了"特先以笔墨渲染"。尤其是"渲染"二字，和小仲马的原意刚好相反。这很可能受传统演义小说的影响，喜欢在事实的基础上进行加工，而不是平铺直叙，直陈事实。"除了我谁也不可能写出一篇完整、动人的故事来"则不见了。

3. 林纾的突破

值得庆幸的是，林纾并不仅仅受到中国文学传统的影响。首先，林纾并没有用中国传统的章回小说的形式对《巴黎茶花女遗事》进行改造,少了"且听下回分解"之类的套语,整个文本一气呵成,令人耳目一新。其次,虽然林纾是古文惯手,而且不懂外文,但是这并不意味着林纾就一味地守旧,死守着古文义法不放。相反,此时的林纾思想颇为开放,甚至在几年后(1905年)的《<美洲童子万里寻亲记>序》中,他仍然声称:"余老而弗慧,日益顽固,然每闻青年人论变法,未尝不低首称善。"所以,他译《巴黎茶花女遗事》并不忌讳译文中的外来传统的影响,因此音译、硬译屡见不鲜,比如"为我弹暗威打赏哑拉坪卡一操(犹华言款佳客意)""追用香槟至数钟以外""此所谓德武忙耳(犹华言为朋友尽力也)""自念有一丝自主之权利,亦断不收伯爵"。再如,"余即自往教堂,请教士诵经一点钟,以马克余钱,布施贫乏,始归。我虽不知教门之玄妙如何,思上帝之心,必知我此一副眼泪,实由中出,诵经本诸实心,布施由于诚意,且此妇人之死,均余搓其目,着其衣冠,扶之入柩,均我一人之力也"。据钱钟书先生研究,这句话对原文亦步亦趋,"整个句子完全遵照原文秩序,一路浩浩荡荡,顺次而下,不重新安排组织",不仅不理会古文的约束,而且无视"中国语文的习尚"。因此,林纾翻译的《巴黎茶花女遗事》不仅在内容上打破了传统才子佳人小说的大团圆结局,为中国小说界带来新的气象,而且在语言上也不乏创新,丰富了汉语语言。①

4.林纾对中国文学传统的继承与发扬

迄至晚清,言文分离的情况越来越严重。在日常生活中,人们面对面交流时使用白话,而在书写时,则使用文言。言文分离使得文言越来越僵化,不适应时代的变迁。同时,中国人骨子里的对祖先的崇拜使得文人鄙视窜入"古文"中的杂质,主张用古字、古语。作为晚清著名的"古文家",林纾在做"古文"时,严格遵守"古文"的清规戒律。不过好在林纾并非冬烘先生,并不迂腐,知道不可能用作"古文"的方法来翻译小说。所以,他在使用文言翻译《巴黎茶花女遗事》等书时,能够突破条条框框,灵活而不拘泥,为文言开辟了新天地。钱基博称:"自中国有文章以来,未有用以作长篇言情小说者;有之,至林纾《巴黎茶花女遗事》始也。"张静庐在《中国小说史大纲》中称:"自林琴南译法人小仲马所著哀情小说《巴黎茶花女遗事》以后,辟小说未有之蹊径,打破才子佳人团圆式之结局,中国小说界大受其影响,由是国人皆

---

① 林纾译.《巴黎茶花女遗事》

从事译述。"寒光则说:"自林氏和晓斋主人同译了《巴黎茶花女遗事》以后,中国的小说界才放大眼光,才打破了从前许多传统的旧观念和旧习惯;并且引动了国人看起外国的文学和提高小说家的身价。"曹聚仁则认为:"林纾的《巴黎茶花女遗事》译本出版,替古文划出一个新时代。"胡适在《五十年来中国之文学》中评论林译《巴黎茶花女遗事》时,说:"林纾译小仲马的《巴黎茶花女遗事》,用古文叙事写情,也可以算是一种尝试。自有古文以来,从不曾有这样长篇的叙事写情的文章。《巴黎茶花女遗事》的成绩,遂替古文开辟一个新殖民地。"又说:"平心而论,林纾用古文做翻译小说的试验,总算是很有成绩的了。古文不长于写情,林纾居然用古文译了《巴黎茶花女遗事》与《迦茵小传》等书。古文的应用,自司马迁以来,从没有这种大的成绩。"我们必须注意的是,曹聚仁和胡适所说的古文是和白话相对的文言,而非林纾以"家"闻名的"古文"。

"古文"虽然有许多清规戒律,令人束手束脚,但是也并非一无是处。作为晚清"古文"大家,林纾在翻译小说时,不仅"绳以古文义法",而且经常将"古文"与西洋小说进行比较,开文学比较之先河。有学者将这种比较贬之为"比附",认为是一种错误,但我们更赞同陈平原的观点,即"以史迁笔法解读哈葛德、狄更斯的叙事技巧,也算别有心得",这对我们理解"古文"和西洋小说均有所启发。我们必须知道,林纾在翻译西洋小说的时候,尽管有严复、夏曾佑、梁启超等为小说呐喊,但是国人鄙视小说的习性还未铲除,小说不过是一种可供他们茶余饭后排遣的谈助之品。在这种环境下,林纾必须用"古文法"做翻译,才能引起文人对西方小说的兴趣,从而提高小说家的价值。所以,寒光认为:"倘使那时不是林氏而是别人用白话文来译《巴黎茶花女遗事》等书,无论什么都不会收到这么好的结果。"林纾将西洋小说和《史记》《汉书》相比附,在某种程度上,实在是不得已而为之。

(二)生态翻译学视域下的林纾翻译

自然环境的法则是"适者生存后",人也不例外。人作为一个主体,既要适应大自然的生态环境,又要培养自己的主观能动性与创造性。在生态环境中,翻译中心作为翻译主体,要适应,想要选择。"适应生存,是有效的目的,适应方法是最佳选择;而选择的法则是'优胜劣汰'"。作为独立翻译,在具体的翻译过程中,自适应选择和选择性适应林纾必须面对。

第三章　生态翻译学视域下的
翻译文学系统

第一节　翻译文学生态系统建造与构成

一、翻译文学系统的确立

从文化层面上看,翻译学派文化为了将目标语言的描述、功能和系统研究转化为中心,其核心研究范式是"描述/系统/控制范式"。翻译研究文化学派中的描述翻译研究、多元系统研究与操纵学派,虽然名称不同,但都有共同之处,是一个复杂的文学作为文学翻译的复杂动态,具有目标语言描述性,功能性和系统性的中心研究,将翻译文学作为翻译文学系统的一部分,并采用描述性的研究范式。翻译文化学派中操控学派对翻译文学进行较多的论述,因赫曼斯编撰的论文集《文学操控:文学翻译研究》以及提出的"操控"概念的勒菲弗尔而得名。操控学派代表人物为图里、佐哈尔、赫曼斯与勒菲弗尔等,他们都将文学看成一个复杂多层次的动态综合体,对翻译文学进行了深入的讨论,翻译文学作为多变量系统是文化和文学的子系统,并对特定历史语境里翻译文学在目标语文学系统演变中的所处的地位和发挥的作用进行了大量阐述。①

佐哈尔在 1990 年先后发表了两篇论文,《多元系统论》和《翻译文学在多元系统中的地位》,翻译文学作为多变量系统的文学子系统,描述了翻译文学系统对目标语言文化的影响,揭示了文学翻译标准的限制。他认为文

---

① 翻译文学系统理论

学作品不是静态文本,而是动态,复杂,开放的系统,包含与文学有关的各种因素,关系体系中的各种因素以及与游戏环境变化之间的关系,从而引起整个系统的变革。多元文学系统存在于不同层次的子系统中,即不同的文学类型,如古典文学、非古典文学和翻译文学等。①

同时,佐哈尔阐述了多系统的文学翻译文学和翻译文学在翻译策略和选择影响方面的地位。佐哈尔认为翻译文学在以下阶段或中央位置的条件下,成为主流文学的一部分:(1)在发展的早期阶段,没有文学形式,文学处于"青春"阶段;(2)某一文学依然处于"边缘"或"薄弱"阶段,或者两者兼而有之;(3)转型期的文学,危机或真空期的文学。相反,一般情况下,当本土文学体系较强,文学发展完整,文学类型多样,文学和地方文学不会依赖翻译思想形成新的,翻译文学在整个动态体系中处于领先地位的边缘。②

在图里早期的一篇论文《翻译文学:系统,规范,影响》中认为文学翻译研究是一种以目标语言导向的文学翻译研究,是文学翻译现象作为文学的系统研究。③

勒菲弗尔(1992)通过三本著作进一步描述了目标语言文化,文化习惯,市场,组织,文学翻译活动的文学观念,如政治,意识形态,文学体系中的文学翻译如何影响规范的翻译,材料选择,翻译原则等。

在《翻译、历史与文化论集》④中,勒菲弗尔尝试从赞助人、权力、诗学、意识形态和语域、文本类型、文化万象等文化角度对文学翻译作品进行细致研究。在勒菲弗尔的著作《翻译、改写以及对文学名声的操纵》中,在文学翻译的经济,政治和文化背景下,将"重写"这一重要概念被引入其中,勒菲弗尔认为相当于在文化过程中重写形式翻译,重写原文,并可以重写诗意形式和意识形态时期。这个社会是一个复杂的大型系统,由多个子系统组成,文学是子系统之一,基于相互限制的小系统的社会系统相互影响。他围绕文学翻译的操纵,本文主要通过三个因素秘密操纵或限制来阐释翻译行为:思想、赞助和诗学,意识形态是其中的第一个因素。翻译文学作品要表达出来的译者的取向和价值观、文学作品要树立的形象等都和在目标语环境中占

---

① 佐哈尔.《多元系统论》,《翻译文学在多元系统中的地位》,1990.
② 翻译文学在文学多元系统中的地位以及翻译文学在翻译策略和翻译选材方面的影响。
③ 图里.《翻译文学:系统,规范,影响》。
④ 《翻译、历史与文化论集》侧重文化视角,收录了从公元前106年到1931年有关翻译研究的重要思想,其中部分文献首次以英文发表,是对翻译研究者知识体系的一个重要补充。

关键地位的诗学和意识形态关系紧密。

赫尔曼总结了操纵学派对文学翻译研究的观点:文学是一个灵活的系统;案例研究和理论模式不断相互影响,文学翻译研究侧重于目标组织,系统和功能,是描述性的;并且规范和接受限制及影响生产,特别是翻译的作用和地位与文学表达兴趣之间的文学翻译相互作用。从上述关于翻译文学的操控学派论述中,我们将翻译文学作为目标语言文化,文学,多变量系统研究的复杂动态子系统。从选择翻译策略,战略的功能和位置到目标文化,接受翻译,文化多样性体系内外的各种规范和社会因素对文学,意识形态,文化,历史,政治,社会和许多其他环境因素对文学体系的翻译有影响。

二、翻译文学生态系统的架构与生态分析

如今,以生态学视角关注社会、文化、文学领域的方方面面已经成为一种流行,学术期刊、网络媒体上能够得出教育生态、金融生态、政治生态、文化生态、伦理生态、经济生态、美学生态、法律生态、文学生态、行政生态、传播生态等"泛生态"的提法。通常生态学的"隐喻"可以说成是人们提到的各种人文、社会或经济、政治生态系统。生态学"隐喻"指的是作为一个生命体的人类在文化生活中的各种行为和社会环境二者彼此关联互动,构成一个个有机整体,各种因素都包含在内,如以社会内部主体构成、组织部分和构成生态系统的外部环境的经济、政治、文学等。

翻译文学可以说是文学类型中比较特殊的一种,翻译文学是整个文学生态系统中的一个子系统。窗体顶端翻译文学及其周边环境构成一个整体,环境互相影响,互相不断互动。参与翻译文学活动的翻译文学内容主体,如创作主体,翻译主题,赞助机构,接受和评论等。

正如我们所知道的,翻译文学体系和其所处的环境之间是一种互动关系,我们可以通过构建整个生态系统翻译文学的生态学研究模式,构建一个译文学系统和其所处的环境之间相互作用,翻译文学系统内的主体都各自发挥其在系统中的功能,进而构成一个统一的整体。因此,构建一个翻译文学生态系统是完全可以,而且也非常必要的。所以本书在整个翻译文学研究范式的生态系统下,从文化学派的翻译学习中,翻译生态学角度综合考察翻译文献的相关文献和整体分析结果,使系统兼容宏观思想,也在进一步研究微观思想。如果我们对翻译文学进行整体、系统的研究,就必然要考察影

响翻译文学的各种制约因素,如社会、文学、政治、意识形态、诗学等等。在翻译文化学派和译介学的理论体系中,更多情况下,翻译的目的是认识翻译,翻译研究是描写和阐述,并为今后的翻译工作提供更为有用的指导和参考。如果把翻译文学置于翻译文学生态系统中,我们就可以对已经发生过的翻译文学做系统的、历史的、功能的描写,也可对翻译系统中的各个关系进行生态系统分析。最为关键的一点是我们能够选择从生态学原理为基点,在翻译文学的主体性发挥、生态环境、主体间关系等方面发现规律,为多元化和全球化世界中的翻译文学的发展提供关键的信息和指导。

三、翻译文学系统与其外部环境的互动关系

作为文化转化之间的翻译,比较文学研究的热点是文学与翻译文学与文化之间的相互作用。在 20 世纪 90 年代,谢天振从全新的视角出发提出比较文学的文化翻译研究,就是"译介学"①。从文化和文学的角度来看,翻译研究侧重于活动,即来自跨国之间学习,跨语言,跨文化方面的翻译评价。对"译介学"研究的内容、性质和对象,他在专著《译介学》中提出了系统的观点,翻译研究被认为是"从比较文化的角度来看文学翻译和翻译研究"。同时,他提出应该承认翻译文学的艺术价值,翻译文学不等于外国文学,"翻译文学应该是中国文学的一部分"。翻译文学的承认最终应体现在"翻译文学在国别文学史上占有一席之地,同时写出相对独立的翻译文学史"。他认为文学翻译与文学翻译研究应该包含在具体文化的实时和空间上,解释文学翻译的文化目的,翻译形式,实现翻译在文化翻译过程中的作用等。讨论翻译文学的具体时代和民族文学与其意义的关系。"译介学的研究不是一种语言研究而是一种文学研究或者文化研究,它不关心语言层面上出发语与目标语之间如何转换的问题,它关心的是翻译作为人类一种文化交流的实践活动所具有的独特的价值和意义。"所以,译介学的探索不单单拓宽了比较文学的探索视野,同时翻译文化探索也具备了具体的文学探索对象,"比较文学中的翻译探索"范畴要小于"译介学"的范畴,它不仅包括相关的翻译理论研究,文学翻译和翻译文学研究的研究,还包含对外国作品的评论和介绍,作者的探索和实践包括在内。不难知道学习翻译文学翻译和翻译研究

---

① 中国著名学者,国际知名比较文学专家与翻译理论家,中国比较文学译介学创始人,中国翻译学最重要奠基人之一谢振天提出。

的文学史已经开始了文化和社会的时空空间,中外文学观点的关系,注重文学作品,材料的翻译 在一定历史时期的接受和传播受到外部环境的影响。

我们对翻译文学一定会存在以下疑虑:为什么是这些作品为译者翻译到目标语系统中? 不同时期被选译的作品是不同的类型,是出于怎样的原因和动机? 特定时期的翻译文学与当时社会文化、文学环境相关吗? 不断地通过较多的翻译文化和比较文学研究,近年来上述问题也渐渐地找到了答案:本土的文学和文化和翻译文学之间存在互动的关系。

一方面,"文学翻译的目标语言要求的文化需要依据和存在的必要性;根据文学翻译的目标文学语境规范,社会文学阅读的重要维度来解读"。即翻译文学不同历史时期的生存和发展是以和文化需要和目标语特定的文学为依据,同时和相应历史时期的政治、文学和文化环境等紧密相关。目标语的文学和文化对翻译文学的主题、形态、翻译策略和来源有一定程度的影响;另一个角度,在一定程度目标语的文学、文化也会受到不同历史时期的翻译文学的冲击,正如李琴所说的,"中国翻译文学进入中国社会文化语境后,由外来文学和文化和中国地方文献激烈的摩擦和碰撞,在经历相互交流、沟通、妥协、让步和一系列的经营活动之后,那些没有脱离中国本土文化和文学保留异质因素的人,对中国文学和文化的不同程度的影响,促进中国文学和文化的创新和进步"。新中国成立后的社会文化和当代翻译文学之间产生了一种全新的互动模式,具有与以往不同的形态。当代中国翻译文学在不同阶段其影响和作用发生了什么变化、翻译文学呈现什么特点、翻译文学的译介受到哪些环境因素的影响等等,都值得我们去梳理和研究。

第二节　翻译文学系统的生态环境

一、翻译文学生态系统与其生态环境

海克尔是德国的生物学家,1866 年海克尔定义了生态学:生态学是探索有机体和周围环境(包括生物环境与非生物环境在内的)之间的相互关联、相互影响的科学。1935 年英国生态学家坦斯利对生态系统的定义是生物与环境第一次形成了密切的接触,是一个整体。李振基(2004)将生态系统定

义为:在生物和非生物与生物之间,在一定的空间和时间范围内,通过能量和材料循环的连续流动形成生态功能单元相互作用的相互联系。我们可以从上述定义得出结论,生态系统是通过环境和有机体的生命以及在特定空间中的组合的相互作用。由生态系统小生态系统形成的大型生态系统,复杂的生态系统由较为简单的生态系统组成。非生物成分(环境系统)和生物成分(生活系统)是一个完整的生态系统,其中包括两部分,在社会和文化领域,人们的生活是一个制度,人的社会环境和文化生活的行为相互影响,在他们之间发挥作用,并结合成为互相影响,互动的整体,包括像经济、政治、文学等构成系统内部主体和外界环境的各种因素。

翻译文学是文学生态系统中的一个子系统,是类型比较特殊的文学。翻译文学与翻译文学所在的环境之间相互影响、相互作用,二者构成一个整体。翻译活动的主体是翻译文学生态系统的一部分,如翻译主体,创作主体,主体意见,赞助和接受主体,形成主体之间的各种复杂关系,在一定的主体间关系以及生态环境的制约下,系统内部的主体发挥"生产者"、"消费者"、"分解者"等内在的本体"生产功能",而整个生态系统的最终效应(社会功能)得以显现。

20世纪90年代以来,西方翻译理论尤其是翻译研究文化转向学派给中国的翻译研究带来了新的视角,其中操控(改写)理论是勒菲弗尔提出的、多元系统论是以色列学者佐哈尔发表的,这两个理论的影响是最令人印象深刻的。前者为我们描绘了翻译文学在文学系统中的位置变化以及译者相应的翻译策略;后者侧重于诸如力量,意识形态,诗学和赞助等因素是如何限制和操纵文学翻译。如果翻译文学作为文学系统的一个子系统,那么无论是在多系统的理论框架内,在当代中国文学翻译在文学体系中的研究现状,还是探究操控理论下的各种影响文学翻译的因素,能够得出:翻译文学和其所在的生态环境二者间有相互影响、相互制约的关系;翻译文学系统的生态环境因子,包括翻译文学系统里的各种主要制约因素,如目标语言文化文学多元系统翻译文学的立场,文学美学需求、目标语言主流诗学,意识形态等。

二、中国当代翻译文学在文学多元系统中的地位

西方翻译研究文化学派在20世纪80年代渐渐地将重心放在目标上,从文化的角度对翻译进行解构式、描述性和整体的探索,其中对翻译文学进行

较多论述的是其中的操控学派,代表人物有佐哈尔、图里、勒菲弗尔、赫曼斯等。他们把文学看成一个复杂的动态综合体,把翻译文学看成构成文化和文学多元系统的一个子系统,在特殊的历史语境里,对翻译文学产生很大的兴趣。在他们的研究中,翻译文学是多变量文学系统,动态复杂目标语言文化的子系统,对其进行观察:从选取翻译材料、翻译策略的运用、接受译本、在目标文化中译文的影响和地位,翻译文学各种各样的规范和社会因素的影响,如文学、文化、社会、政治等诸多因素的影响。翻译文学活动不是孤立产生的,它是社会性活动的方式之一,它与目标语社会文学和的文化之间进行着相互作用和相互选择。

根据当前译介学术界的现状来说,在一定程度上因为译介学在翻译研究文化转向理论的影响下,翻译研究改变以前的比较文化研究视角,比较文学和翻译研究的重点是权力差异,文化和政治功能的翻译,文化霸权意识的关系,将成为文化政治学研究的重点。可以得出结论,历史背景,中外文学,文化,时空等方面的关系,是建立翻译文学和相关文献探索不能离开。

(一)多元系统理论框架中的翻译文学系统

多元系统论的创始人是佐哈尔,佐哈尔从事文学与符号学、文化研究、文学翻译和文学理论探究。在 1990 年他发表了两篇论文,《翻译文学在多元系统中的地位》和《多元系统论》,佐哈尔在这个系统中引入了翻译文学和文学多变量系统的译员翻译策略。

梯尼亚诺夫是俄国形式主义学派代表之一,早在 20 世纪 20 年代梯尼亚诺夫就认为文学作品是一个"关系实体",是一个层次分明、有秩序的结构,并非是简单的文学技法的堆叠。所谓的文学类型、文学作品、文学本身、文学时代是很多特点相结合,它们和网络系统相关因素的关系是这些特征的价值的体现,历时和共时两个角度是文学研究的依托点。在系统不间断的情况下,被不熟悉的创新取代代替传统,熟悉对文学的出现和发展有一定的影响,也可以理解为,更具活力,在新文学的边缘,而不是优雅的文学,是文学系统的核心。这里的文学是一个复杂,动态和开放的系统,不是静态文本的作品,包含和文学相关的元素或子系统,随着环境的变化,各种因素的运动和相关的子系统时间,整个文学系统在不断的发展和演进。

借助形式主义学派和这些理论观点,系统被佐哈尔拓展到了多元系统。《多元系统论》是佐哈尔的一篇论文,在这篇论文中,佐哈尔最开始谈论了多元系统是以动态的观念和一种功能主义为基础进行构建的;接着他分别阐述了多元系统的性质、过程、形式与系统之间的关系。佐哈尔认为以人类传播社会符号现象的象征方式为主,不应被视为混合体,应被视为一个整体系统,可以获得研究和理解。这些社会符号系统是一个复杂的系统,但开放,有各种组合结构,所以是多变量系统,系统有很多不同的系统结构。我们依据多元系统理论判断整体文化和各个多元系统相互关联,多元系统之间的转变都是相互关联,不可分开,同时各种相关的因素或子系统使得某一形式库处于中心或边缘位置、从而进行非经典到经典的动态过程。这些因素的主导地位并不是绝对的,是不一样的,但在一些条件和时间上,这些因素将起到主导作用,处于中心位置,并且有一些因素起了次要作用,将处于中心位置,在其他条件和时间下,发挥主导作用,占据边缘地位的中心位置。

佐哈尔的著作《翻译文学在多元系统中的地位》,在这本书中佐哈尔就翻译策略和在文学多元系统中翻译文学的地位和翻译选材等角度的影响进行了论述。在佐哈尔的观点中,文学翻译不仅仅是文学是多变量系统不可或缺的一部分,文学翻译是系统中最具活力的一部分,在文学翻译中,系统中的文学状态并不总是在边缘。对于一些"强势"或者大的文学,翻译文学就只能处于非中心位置。但是,在特定的阶段和历史时期,它的地位也在不断地发生改变。

佐哈尔伴随着研究层次不断地加深,他后期对"分层多元系统论"理论进行了更进一步的发展。在多元系统论的研究范畴内又加入了许多外界因素如社会条件、赞助人、意识形态和经济状况等,进而将本土文学多元系统和翻译文学之间相互联系的探究推向全新的发展阶段。当本土文学系统一旦陷入停滞,向着创新,向中心的、经典的位置发展是翻译文学的趋势,并提供给了该系统向前发展进步的动力。佐哈尔在研究翻译规范和翻译文学的关系时提出,在整个目标语文化系统中当翻译文学处在中心位置的时候,翻译文学会不断地向原著靠拢,并且将在目标语文化系统里带入很多原著中新元素。在这个时候帮助目标语文化中的文学系统产生新的模式是翻译文学的主要作用,此时该文学系统显得更加的丰富生动。相反,翻译文学在次要或边缘的地方,翻译者必须遵守本土文学体系的相关规定和标准,在目标语文化系统里找寻已经存在的模式,所以往往会对原著里的形式和内容进行修改。

尽管多元系统理论主要是一种说明文学系统行为和演变的理论,有些概念还比较笼统,对文学系统状态的描述"有些粗糙",对系统演进的描述非常抽象,将在更广泛的历史文化背景下翻译文学研究,是社会情境理论,文化背景和政治因素,探索翻译文学体系的最大贡献之一,这样我们可以更好的对文学翻译进行理解和审视,同时观察到作品译介背后的各种因素。(1)把翻译或翻译文学放在一个动态的系统中,从文学关系的角度阐述翻译文学的地位,承认各种目标语文本外因素对翻译的影响,如社会政治、意识形态、文学观念等。(2)文学翻译的现状和价值以及文化视角的翻译活动,使文学翻译和目标语言系统确定文化与文学的关系。翻译文学是文学史的组成部分,文学翻译现状也影响着翻译实践。

(二)中国当代翻译文学:边缘还是中心

通过将译作和翻译其所属的社会、文化、政治等多种因素联系起来,在翻译研究领域多元系统论为其开拓了一个全新的更加宽阔的疆域,对于中国的翻译文学的研究具有重要的意义和参考价值。利用多元系统理论,中国当代翻译文学在中国文学和文化等多元系统中所扮演的角色、翻译的规范及其对目标语文学和文化产生的影响就可以得到解释。当目标语言文化和文学体系形成并且非常强大时,翻译文学将处于边缘地位;当目标语文化系统和文学系统还未形成而且非常脆弱时,翻译文学将处于中心位置;而当目标语文化系统和文学系统尽管已经形成,但在目标语的文化文学系统中发生了重大的历史事件或者在转折点时期出现了文学"真空",导致现有的文化或文学已无法接受,翻译文学就很容易带着新的形式占据中心位置。

三、翻译文学系统的内外操控机制

沙夫纳在总结西方翻译描述学与翻译文化转向研究时曾这样评论:"翻译的研究重点是翻译属于社会、文化与交际的一种实践行为;是关注翻译和译本的文化与意识形态上的作用;是重视社会文化因素,翻译行为,外部政治关系和主体行为的翻译。"翻译文化转向主张对文本外因素更多关注,而不再局限于翻译文本本身的研究,翻译(翻译文本运算符),翻译的赞助者,环境,接收者(读者)为起点,重点关注翻译整体思想的文化视角,为翻译提供了一个环境,在这个宏大的文化语境中对翻译进行审视,对制约译本生成的外部条件加以关注,如社会、政治、文化、意识形态和经济等因素。在翻译文化研究中,当代西方翻译界开始突破传统的翻译观念,跳出传统的研究模式,开始关注语境,历史与传统,文化与翻译的相互关联和文化的翻译方式,翻译行为致力于宏观的跨文化语境,从新的角度去学习与研究,如译者的可见性、后殖民主义等,重新审视翻译作品的选取、策略的实施、译本的传播和接受,从而实现了翻译的文化转向。

《文化构建——文学翻译论集》这本由巴斯奈特和勒菲弗尔共同创作的论文集将"翻译研究中的文化转向"正式开启。他们从文化研究的角度研究了翻译行为背后的操控因素,从而推动西方翻译研究人员将意识形态,权力关系,赞助和诗学关系与翻译研究与探索主流化。从前面的论述中,我们可以看出多元系统理论对于文学系统内部翻译文学与原创文学的互动关系论述很多,但对于促进翻译文学、文学系统发生变化的潜在社会和历史等制约因素却着墨不多。而就文学翻译方面,对于多元系统中的发展完善贡献最大的莫过于操控学派理论。1985年赫曼斯在他的编著的《文学的操控》中,介绍了图里、巴斯内特、勒菲弗尔等人的翻译理论,目的是"为文学翻译建立一种新的研究范式"以及"从目标语视角说所有的译文都是某种目的下对原语的操控"。操控学派由此而得名。该学派的共同点在于研究者视文学为复杂的动态系统,他们都对制约翻译生产与接受的规范和因素感兴趣,并且关注翻译在目标语文学中的地位和互动关系。操纵学派中,图里、勒菲弗尔目标语言文化,文学思想,政治文化习惯,文学翻译活动市场意识形态和制度的描述,在文学系统中翻译文学的位置对翻译的选材、翻译的规范、翻译的策略等是如何进行影响的。

总的来说,翻译动机,翻译材料,翻译文学作品的翻译,不接受任何不协调,翻译人员在目标语言环境中主流诗学与意识形态的战略方向有着密切的关系。"意识形态、赞助人、诗学"三因素主要体现在"赞助人"和"专业人士"的话语权中,构成翻译文学系统的外部与内部的操控机制,也成为整个翻译文学生态系统的主要生态环境因子。

（一）意识形态与话语权力

勒菲弗尔认为,总的来说诗学与意识形态是限制文学翻译的两种机制,是翻译成原作的重写,可以反映出赞助者对诗学意识形态的专业观点。赞助人作为文学系统的外部控制因素,更感兴趣的是意识形态,即一种对社会该怎样和允许怎样的主要观念。诗学通过赞助者意识形态所制定的参数起作用。一般情况下"赞助人"一般指的是那些能够对文学的写作、改写和阅读起作用的"权力"的机构或者人,他们能够是一些政党、人、政府、宗教团体、出版商、社会阶层,以至报纸、杂志、电台、电视台等传播媒介等。勒菲弗尔认为想要去影响翻译的过程可以通过赞助人使用他们的话语权力,想要译作能更快被发布,很多文学家和翻译家会在赞助人允许的范围内发挥诗学话语权力和技巧。赞助是有等级之分的,"编辑和出版商处于较低层次,他们对译者的操控常常受到更高级别的赞助,如审查机构或组织"。"赞助人"通过代表和行使话语权力把意识形态外在显示,因此讨论赞助人,就要讨论到意识形态,就要涉及话语权力,这三者紧密结合在一起,影响制约着翻译文学译介的方方面面。

有三个相互关联、相互影响的基本元素存在于"赞助人"系统中,它们分别是:意识形态元素掌握翻译形式和翻译主题的选择;经济元素决定"专业人士"的收入;地位元素决定"专业人士"的社会地位。赞助人的经济政治地位和思想意识直接影响赞助人对译者所进行的权威影响,原因是只有当赞助人对自己所期待的译作满意时,赞助人才可能会资助和鼓励出版。在很大程度上,翻译者的意识形态直接影响翻译文学作为一种形象,这种意识形态的翻译者不仅能够承认和批准翻译者,甚至赞助者也是如此。

从这个意义上说,勒菲弗尔关于赞助人的论述是基于翻译生产后的权力与意识形态行为。赞助首先具有意识形态成分,因为在特定的社会里,所要选择翻译的文学作品绝对不能背离其他系统太远,如对主题和表达形式的选择;其次赞助还含有经济的成分,因为赞助通过提供薪酬或其他形式的资助,给予译者生计上的帮助。

从上面关于"赞助人"对翻译文学制约的论述中,我们知道赞助人在代表意识形态与给予经济、地位赞助等方面制约着翻译活动与其他"专业人士"的诗学话语权。同样的,代表或行使意识形态话语权也是赞助人首先要完成的。这是因为,"过去的翻译赞助者是一些达官贵族,而现在主要是以出版社、新闻机构、大学或其他组织,他们关注翻译什么、出版什么,而这些答案有时并不是出于文学价值本身的考虑"。

首先,我们讨论"赞助人"的意识形态成分。一般来说意识形态指的是人的世界观或者思想观念,不仅可以是上层的、社会的,同样也可以是个人的。根据《现代汉语词典》(第五版)的解释,意识形态是在某些经济,人与世界的基础上形成的,系统的社会观点和观念,哲学,政治,艺术,宗教,道德是其表现。在《新编哲学大辞典》中,意识形态被认定为是组成上层建筑的一份子,在阶级社会里有一定的阶级性,观念形态是它的第二个代名词,其具有丰富的内涵,是"社会意识诸形式中属于意识形态部分的总称,亦称'社会意识形态',包括政治思想、法律思想、文学艺术、道德、哲学、宗教等"。意识形态是马克思主义理解的两种形式:第一,意识形态指的是一个主导思想主义思潮的思想主义思潮,包括思想上层建构,如政治思想中的政治法律思想和伦理是思想内涵的核心。第二,意识形态是指一般社会形式,具体的政治上层建筑和经济基础相关的思想收集制度和理论,是由自己的社会群体意识和自我意识表达的利益和社会地位所要求的,是同世界观和哲学的"形而上"主张或理论学说相适应的。

社会中的每个人都有自己舒适的环境和气氛,人们采用各种形式和方式受到意识形态的熏染和教育。文学翻译中的作品选材、翻译潮流、翻译策略往往要受到当时社会与译者的意识形态的影响。

勒菲弗尔认为赞助人系统也可以用福柯的"权力理论"来理解。"权力"在福柯的观念中指的是一种网络关系,一切支配力与控制力,在人类活动的全部领域中存在,任何个体都依赖于网络,在不同的历史时期和文化时期中这些权力是在持续发生变化的;"话语"是一种深层逻辑,它深藏于人们意识之下,对不同群体的思维方式、言语表达、行为准则进行表达,是对一个特殊的认知活动、领域的语言描述。福柯认为词形是力量;话语是权力的象征之一;是权力控制、知识传播的工具;话语在一定程度上受权力条件约束,是形成和发展的一种权威,所以言语和语言不是透明的媒介。

(二)诗学观念与审美需求

一般来说,在系统中的翻译文学中,由评论家、教师、翻译等"专业人士"组成的控制文学诗学的作品,尽量使翻译成为主流诗学和主流意识形态的接受者。除了或多或少受到意识形态操控,他们更多地在诗学和审美方面考虑翻译策略、接受、评论以及文学发展方面的作用。

勒菲弗尔认为诗学观念是指"特定社会里文学该怎样和允许怎样的主要看法"。它包括"构成文学元素的规则以及从功能上讲哪些元素该在特定社会里有效并被应用"。依据勒菲弗尔的想法,诗学是由两个部分组成的,一个是列表,列表包括文学、技术、主题、场景、符号和典型特征;另一个是在整个社会系统里,文学应该扮演什么角色。第一部分构成了文学的本体特质,第二部分文学作品的社会功能和影响程度也就是说,这两部分的诗学,"它是一种文学,文学风格,主题,原型人物,情节和象征等一系列文学元素;另一个是一个概念,即在社会系统中,文学起什么作用,或应起什么作用"。

现代意识流小说自 20 世纪 80 年代在中国慢慢地得以译介,原因是新中国的文学审美理念和意识流小说的审美理念有所不同。"中国传统的美学思想,情节是小说形式因素的核心。中国传统文学艺术的审美模式形成了中国读者对美学的刻板印象,对小说新的形态产生审美排斥心理"。在当时的历史语境中意识流小说和传统小说在手法创作上不相同,和读者与翻译赞助者的期待视野不相符。尽管并不是所有的文学翻译都必须迎合主体文化的诗学和审美规范,翻译文学要做到既满足又不逢迎,既打破又不完全背离公众的审美需求,便可为读者所接受。当时的历史文化语境下的文学系统和翻译文学系统的地位,决定着其是突破还是一味迎合。

第三节　翻译文学系统的主体构成

一、翻译文学系统中的各种主体

对象和主题是哲学中的术语,对象是主体活动对象,主体从事认识活动与实践活动的承担者。假设我们认为翻译是一个简单的活动,所以翻译是主题,因为翻译者的翻译实践对象是读者和原作者,作者是参考对象的工作,译者翻译活动的对象说的便是读者。但是随着翻译文化研究的深入,我们知道翻译往往涉及各种综合文本外因素的操控,是人类一种复杂的实践活动,在翻译过程的不同阶段,都有"人"作为实践活动和认识活动的承担者,而原语与目标语的文本才是翻译过程中的客体。广义上的翻译行为承担和实施的主体必定包括读者、译者、原作者、赞助人、评论者等生活世界里的人或团体。

"翻译是两种语言与文化,沟通和谈判过程之间的对话。在这种交流与协商的对话过程中,原文、原文作者、译者、(原)译文、读者,有时还有翻译发起人、出版商或赞助人等,都会参与到翻译活动中来……原文作者、(原)译者、复译者、读者、原文、(原)译文、复译文本都是文学作品中复译的主体。"①

"作为一种涉及社会、政治、文学、文化交流等方面的复杂活动,翻译是涉及创造、策动、翻译、阅读、评价、接受等在内的一套系统,存在多个主体,如作者、译者、读者,甚至还包括赞助人。因此无论主体的内涵的理解如何不同,翻译中的主体只能是参与翻译实践中的人,不包括原文文本和译语文本以及文本当中的人。"

然而,在现有的翻译文学实践中,文学主体的翻译也有几个不同的观点,一些人认为翻译是文学翻译的主体,文学写作的翻译和以翻译活动为中心的叙述;还有人认为,除了主体翻译之外,一些文学社会和机构也发挥了巨大的作用,应该给予同等的重视,所以有的特别介绍一些翻译或文学机构、社区活动和贡献;有的认为归属于文学史范畴的翻译文学史大致应该包括三个要素,就是作品、事件和作家,作家不单单是指译者,同时还应该包括原文的作者。存在于目标语的文化文学系统中翻译文学是一个整体,翻译文学围绕着译本和原文本两个对象,从选择原文本、组织实施翻译活动到接受译本,整个翻译文学系统应该有它完整的实践和创造主体,即原作者、赞助人、译者、评论者、普通读者等等。从某种意义上说,翻译文学系统里"生产者"即翻译的发起赞助人与文本的创作者;"消费者"即译作的读者;"分解者"即对译作进行评论的评论者。"能量流、物质流、信息流、价值流在三大功能群之间联结和贯穿,彼此相互作用、相互关联和影响,为整个系统功能的运行和演变做出了贡献,促进了知识的再现。"综合起来,翻译文学系统功能的产生主要依赖系统中的主体来完成的,这些主体包括赞助主体、创作主体、翻译主体、接受主体和评论主体,他们在翻译文学一定的生态环境里互相作用、互相关联,形成主体间关系网络。

翻译活动的各种主体置身于翻译文学整个文学系统中,主体与主体之间是一种互相制约、互相承认的对话关系,他们又必然与系统中的各类因素有着千丝万缕的联系。在翻译文学从作家作品选材、赞助人的决定、译者的翻译实践再到读者的阅读与评论,以及他们之间的互动关系都离不开当时的历史语境,离不开主流意识形态等因素的一些制约。尽管这些主体"在各种操控因素系统中行使他们的职责,当然他们可以选择适应这些也可以试

---

① 翻译文学系统中的主体。

着去挑战它们"。

二、当代翻译文学系统的主体特征

翻译文学系统的内在文学生产功能以及社会功能是在一定的生态环境下由系统内所有的主体共同参与完成的。这些主体受到当时目标语社会的文化系统、文学系统的制约,尤其是意识形态、诗学等因素的操控。之所以选择以翻译文学期刊进行分析,是因为它涵盖了所有从原作的选取到译作的传播和接受的过程,以及整个翻译活动或者译介的所有主体:有不同级别的赞助人、高水平的译者、稳定广泛的读者、专业评论者等,可以被看成是一个微缩的翻译文学系统,能很好地帮助我们完整进行研究翻译主体在不同时期受主流意识形态的影响、参与期刊的所有主体的特征的变化。

(一)赞助人:政治任务还是诗学需要

正如我们所知,在勒菲弗尔的改写(操控)理论中,勒菲弗尔曾提到:专业人士和赞助人,在这其中"文学的意识形态通常是赞助人感兴趣的"①,而"专业人士感兴趣的则是诗学"。赞助人利用他们的话语权力干预翻译过程,组织,监督,以完成他们的诗意追求,在赞助人允许的范围内,由文学家、批评家、译者等组成的专业人士操纵了有限的诗学技巧和诗学话语权力。各级翻译出版机构从意识形态、经济保障、社会地位等三方面,以赞助人的身份管理、领导并影响翻译活动的走向、选题的确定、译者的选择、译作的形式、译作的出版与译作的解读,对整个翻译文学系统的兴衰起着至关重要的作用。

(二)译者:主体意识被抑制还是被激励

"翻译家如何选择选择作品和原作家,这体现了翻译家的主体性。"在中国翻译文学史上,翻译家对于翻译选题主要基于两种价值取向:一是"自觉服从于时代与社会的需要",即有明确的社会动机和时代意识去进行翻译作品的选材;二是"审美趣味、个性特征还有当时心情和境遇"。"文学作品的意义的开放性、思想观念的复杂性、形象的多义性、感觉情绪的不确定性、语言表达的诗意的暧昧性等都为翻译家提供了一定的再创造空间"。

译者作为翻译文学系统一个主体时,身上肩负有受动性和主体性两种

---

① 就翻译文学的内部和外部操控机制问题所提出的。

属性。受动性包括一系列因素的制约,如客体的、社会的、自身局限的理解审美能力等等,而主体性则主要表现在译者的能动性、创造性、目的性。作为翻译行为的主体,译者的主体意识主要反映在他的翻译动机、翻译观、翻译策略选择、翻译选材等方面。依据勒菲弗尔的操控理论,翻译文学受到意识形态、诗学、赞助人等文本外因素的限制,特别是目标语言的社会意识形态总是控制整个翻译过程。或者,就像翻译过程中几乎所有翻译人员都可以发挥自己的创造力和主观主动性,同时也都要受到当时的主流诗学规范、意识形态和赞助人等多种条件的制约。作为主体的译者,他必然会根据自己的个人意识形态、价值观念等对目标语主流意识形态进行或妥协或反抗的选择。被动的妥协意味着译者的主体意识是受到一定抑制的;而主动的反抗则意味着主体意识的活跃。在特定的历史条件下,主流意识形态对其他意识形态和诗学等话语权操控程度的强弱必然会影响译者主体性的发挥,主体意识或被抑制或被激励。

（三）读者：规定接受或主动接受

在翻译文学系统中,读者作为接受主体,可以根据自己的喜好和审美需求阅读和阐释作品,能动地评判译作,同时读者的接受也一定程度地参与了译作价值的创造。翻译文学的价值和作用正是在于读者的主体参与而延续了文学作品的第二次生命并赋予其特殊的文学价值。从某个角度来说,译作的价值由翻译文学读者的阅读活动决定,并且随着不同时代读者接受意识的不同,作家、译作的地位、作品是在不断进行变化的。译文读者主动参与阅读、想象、加工和创造性解读翻译文学作品的过程就体现了读者作为主体的主体性。这种主体性在翻译文学作品成为市场文化产品的今天变得越来越重要了,因为许多的译文或译本译介成功与否,最终还是看读者的接受效果。读者在读者阅读需求方面的预期愿景中,首先具有翻译活动的主体性,其次,读者的主体性更多来自于自己的经验,主观解读和翻译。

第四节　翻译文学生态系统的可持续发展

一、中国当代翻译文学的生态学启示

从形成,发展到成熟,自然的生态系统是一个开放的、动态的,它持续与外界交流信息和能源,与其生态环境密切相关。生态系统在逐渐走向稳定的时期,即使是稳定,随着新环境的变化,这种缓慢发展也会向恶化或良性方向的演变。可持续发展生态系统的演化是一个良性过程,它从不协调到协调到更高层次协调最后到协同共生,主要体现在"更加复杂有序的结构,多样性,功能和稳定性增加;而生态系统的一定时期稳定的条件是:系统的多样性,漫长的演化阶段,良好的环境影响"①。对于其内外部制度,生态系统的可持续发展将逐步提高其外部功能,系统在一定时期内可以平衡,在安全条件下的稳定是不可或缺的,如生物与生态环境之间的关系,生物多样性相互影响,彼此关联,环境干扰因素相对稳定,保持主体与主体之间的适当协调发挥等优点,发挥最佳功能,生态效应取决于协调主体之间的关系。

类似的文化生态系统和自然生态系统以及文化生态系统的生存能力有限,不能保持基本特征和基本结构,原因在于文化生态系统已经经历突变和遗传。受新的社会环境因素的影响,即使文化生态系统在慢慢趋于稳定,文化生态系统也在渐渐发生改变,恶性或良性。要建立可持续发展的文化生态系统,人们作为体系的主体,应该将自然生态系统的可持续发展状况作为参考,不断尝试使文化生态系统向稳定的方向发展,"要不断寻求先进的思想文化,同时促进文化生态系统的变化,也不失去民族精神,保持文化生态系统的遗传特征"。翻译文学作为文化生态系统之中的子系统,生态系统在经历着变异、遗传、演化。

对目标语文学和文化来说,翻译文学对其产生的影响主要是异质因素,而究竟会有多少翻译文学中的异质因素可以在文学系统产生效果和作用,这要经过文学环境和目标语文化的选择,而且这与在整个系统主体间关系中所有参与主体的作用和地位相关。如果想要各主体可以最大程度地发挥各自的创造性,将自己的主体作用发挥出去,那么主体间和谐共生的关系就显得十分重要,最终达成翻译文学系统获得整体效益。

当今社会,全球化的进程在不断加速,在多元化文化慢慢融汇的时候,在某种程度上文化的趋同是由于新的文化霸权主义而产生的。同时,翻译文学商业化、市场化的趋势也越来越明显。译者对译介世界优秀文学作品进行选择的时候,译者采用适合的方法进行翻译,使公众和读者期望更新和

---

① 可持续生态系统的相关表现。

拓宽视野,促进文化与传播的融合,同时对民族文化进行较好的保护。

文学评论当代中国翻译,我们越来越意识到翻译文学已经远远超出了美学诗歌功能,它具有知识、教育、社会、审美、开朗等功能。翻译文学的可持续发展生态系统的各种功能应该完善其系统,并将文学审美功能作为本体的功能。在形成新的生态环境中,文学翻译系统的主体应主动适应和选择,使翻译文学向更有利的方向演变和向前发展。

翻译文学系统如要保持平衡稳定,就应该有良好的文化生态环境,容许翻译文学的多元性与多样性。想要完善系统的综合功能与翻译文学的本体价值,相关主体的身份是传播者、发起者、接收者时要注意的是不断地选择和适应外界环境。在一个特定的时期内,可持续发展的生态系统是相对稳定的,有利的条件会促使失衡的生态系统朝着好的方向发展。同样,系统内部主体间相互影响与相互作用的交互式关系与和谐的生态大环境是翻译文学生态系统可持续发展所必需的,从而最终凸显系统的整体功能和效益:社会功能、政治功能、经济功能与文学的本体功能相融合。

二、可持续发展的翻译文学生态系统

在人文社科研究领域,"生态"一词指的主要是"保持平衡、自然健康和'和谐共生'的汇总"。如果要构建翻译文学生态系统,首先就要创建一种平衡稳定且促进良性发展的翻译文学的外部环境;其次各种主体在主体间关系网和外部环境的约束下各自的主体性都得以发挥出来,主体可以做到选择和选择生态过程,主体之间能够和谐共生。

根据多元系统论,由于目标语文学系统总在不停地运动,翻译文学系统的地位也会发生相应的变化。以生态系统功能的理论为基础,我们可以得出:一个系统可以短时间的进行自我维持,稳定的系统不会经常地处于即将崩溃的状态;但如果它可以有条不紊、连续不断地变化,在很大程度上这就可以被称为稳定的系统,原因很明显,就是这个系统可以自我维持。只有系统足够稳定的时候这个系统才可以生存稳定,其他的只会消失。所以无论翻译文学处于中心还是边缘位置,只要它是动态的、处于变化且有序往前的,这个系统就是一种稳定的能够生存的系统。

基于生态翻译理论,翻译是一个和谐团结的,整合一体的系统。可持续发展的翻译文学生态系统还应是一个和谐统一的整体,这个系统中的各种元素构成协调稳定的整体,而且系统内部的各种主体间关系也应是一种和谐共生的状态,在主体间关系网络中各种主体不断地选择和适应生态环境,将系统内的作用履行好,从整体上最终达到功能上的完善、达成翻译文学系统的效益。

（一）翻译文学系统外部生态环境平衡稳定

翻译文学生态系统作为文学或文化多元系统中的一个子系统,包括外部各种社会文化因素构成的生态环境和内部各种主体。主体与环境之间、主体与主体之间的相互关联、相互作用,随着环境的不断稳定在短时间内可以达成平衡和稳定,只有这样,系统才能获得最优化的功能和整体效益。但是,当新的外界环境对翻译文学产生太多的干扰,过去处于平衡状态的生态系统就会被打破,系统有序发展被打断,系统变得更加无序,整体系统便不能够发挥原有的功能。

赞助者、意识形态、诗学等是勒菲弗尔总结的抑制文学翻译发展的几个因素,其中最主要的制约因素就是的意识形态,导致这个结果的原因是意识形态对赞助者来说是最主要的,同时诗学也要满足意识形态。通过对《世界文学》①从不同时期的翻译角度研究,我们可以发现,当赞助人对主流意识形态话语权力进行操控越来越强烈的时候,同时对其他非主流意识形态丝毫不释放空间,这时"专业人士"将无法发挥和实施对诗学的话语权,翻译文学的选材范围在不断地缩减,翻译文学多为服务主流意识形态,文学的艺术价值越来越少。

所以,想要建立一个和谐的翻译文学生态环境,那么我们需要让赞助人将部分诗学话语权力分给"专业人士",从而去翻译、评论和解读,只有这样,整个系统才可以形成一种宽松的、有序的、健康的环境,在译介、翻译策略、翻译选材、翻译政策等方面所有相关的主体都可以拥有部分话语自主权。权威和赞助人在维护和代表主流意识形态的同时,也为其他意识形态提供了自由的生存气氛,或结合其他非主流意识形态。同时,生态环境以外的文学翻译系统翻译文学和美学娱乐价值,文学启蒙恢复,使目标文学系统实际上包含文学翻译中的有益的异质因素,将文学和文学的现代性展示了出来。

---

① 《世界文学》内容丰富,是中国文艺界专门译介外国文学的重要刊物。

（二）翻译文学系统内部主体间关系和谐共生

1. 翻译主体适应性选择

可持续发展的翻译文学系统在其演替过程中某个阶段的生态环境一定是趋于平衡而稳定的，消费者、生产者、分解者等主体在网络体系中有秩序的行使主体身份和发挥主体作用是系统的各种功能和整体效益的发挥的关键之处。各主体不单单要和当时的主体间关系和生态环境相适应，而且要选择适应性，就是独立选择。对译者来说，"翻译是以译者为中心的；翻译的过程是译者对以原文为典型要件的翻译生态环境的'适应'和以译者为典型要件的翻译生态环境对译本的'选择'"。《翻译适应选择论》被视为早期基础研究的生态翻译。

2. 翻译文学系统中交互式主体间性

翻译在文化多元系统中是广义上的跨文化、跨语言、跨文学的活动。在翻译文学系统内在翻译活动各个阶段中和社会系统和文化秩序等组成的外部环境中系统中主体之间的关系网络形成了，同时自己的主体性得以发挥。

针对翻译信息化和在全球化的进程中隐藏的强权政治和文化霸权主义，还有文化殖民与文化趋同，更多的学者在思考生态翻译伦理观在全球化环境下的具体体现，认为翻译作为文化多样性、维护语言的方式要尽可能的保持良好的文化交流和语言地位的平等，而对于全球化中的"他文化"译者不但要怀有一个积极的心态，同时又要凭借"主体"身份，有责任去"继承"和维护本土文化。通过对中国当代翻译文学史的研究，我们可以发现译者、赞助人、评论者、作者、读者等之间存在的关系网络中包含着突出与边缘化、操控与被操控，因此可以得出，相互依存，主体之间的平等对话，相互渗透，相互影响，相互作用的交互式关系可以称为主体，就是交互主体性或者"主体间性"，它反映了主体与主体间的共在。"主体间性"在哈贝马斯看来是采用语言交往，就是参与语言交往的他我和本我之间相互依存、影响而形成的一个复杂的、整体性的系统。

在整个全球化的过程中，弱势民族的文学的发展和本土文化的优化将会受到强势文化的话语霸权的影响。在本民族的翻译体系中，生态伦理与文学翻译系统在国家文学翻译系统中的发展应该得到足够的重视，"考虑到全球化和新型信息媒体的影响，应从社会进程视角考虑系统"。考虑到社会文学因素、新信息技术、全球化的变化，因此而提出来构建翻译文学生态系

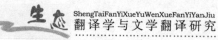
统是具有可持续发展性质的，正是一种生态伦理思考，在系统外部环境中的相关因素比较稳定，系统内部主体之间和谐发展、互利共生、对话平等，主体们选择、适应中，尽可能发挥自己应有的主体地位和作用，从而促进整个系统功能完善发展。

参 考 文 献

[1] 郭建中. 当代美国翻译理论[M]. 武汉:湖北教育出版社,2000.

[2] 黄忠廉. 变译理论[M]. 北京:中国对外翻译出版公司,2001.

[3] 胡庚申. 生态翻译学 建构与诠释[M]. 北京:商务印书馆,2013.

[4] 方梦之. 译学词典[M]. 上海:上海外语教育出版社,2005.

[5] 王平. 文学翻译风格论[M]. 成都:电子科技大学出版社,2014.

[6] 郭延礼. 文学经典的翻译与解读[M]. 济南:山东教育出版社,2007.

[7] 胡庚申. 翻译适应选择论[M]. 武汉:湖北教育出版社,2004.

[8] 岳中生,于增环. 公示语生态翻译论纲[M]. 北京:科学出版社,2014.

[9] 黄源深,外国文学欣赏与批评[M]. 上海:上海外语教育出版社,2003.

[10] 陈永国. 文化的政治阐释学[M]. 北京:中国社会科学出版社,2000.

[11] 王平. 文学翻译审美学[M]. 北京:国防编辑出版社,2009.

[12] 王平. 文学翻译批评学[M]. 杭州:杭州出版社,2006.

[13] 黄书泉. 文学批评新论[M]. 合肥:安徽大学出版社,2001.

[14] 陆秀英. 当代中国翻译文学系统生态研究[M]. 南昌:江西人民出版社,2012.

[15] 辜正坤,译学津原[M]. 郑州:文心出版社,2005.

[16] 王璟. 译者的介入 张爱玲文学翻译研究[M]. 杭州:浙江大学出版社,2014.

[17] 岳中生,于增环. 生态翻译批评体系构建研究[M]. 北京:科学出版社,2016.

[18] 盛俐. 生态翻译学视阈下的文学翻译研究[M]. 广州:暨南大学出版社,2014.

[19] 张璘. 文学传统与文学翻译的互动[M]. 镇江:江苏大学出版社,2013.

[20] 郭兰英."适者生存":翻译的生态学视角研究[D]. 上海外国语大学,2011.

[21] 刘爱华. 译者与翻译生态环境:文学译者批评的理论探索[D]. 山东大学,2012.

［22］陈圣白.口译研究的生态学途径［D］.上海外国语大学,2012.

［23］苗福光,王莉娜.建构、质疑与未来:生态翻译学之生态［J］.上海翻译,2014,04:77－82.

［24］胡庚申.生态翻译学的"异"和"新"——不同翻译研究途径的比较研究并兼答相关疑问［J］.中国外语,2014,05:104－111.

［25］陈金莲.2001年以来国内生态翻译学研究综述［J］.昆明理工大学学报(社会科学版),2015,02:86－93.

［26］曾文雄.翻译的文化参与［D］.华东师范大学,2010.

［27］张莹莹.适应与选择—生态翻译学视角下解读林语堂《京华烟云》［D］.齐齐哈尔大学,2013.

［28］董维山.生态翻译学视域下《菜根谭》三英译本比较研究［D］.长沙理工大学,2013.

［29］刘晶.生态翻译理论视角下的《寂静的春天》汉译研究［D］.哈尔滨师范大学,2015.

［30］郭玲玲.生态翻译学视角下"译者中心"双重解构性研究［D］.西北师范大学,2013.

［31］柯敏芳.从生态翻译学角度解读金介甫《边城》英译［D］.华中师范大学,2014.

［32］黄凡.从生态翻译学看动画电影的字幕翻译［D］.华中师范大学,2014.

［33］唐巧玉.生态批评角度之生态翻译学批判［D］.广西大学,2012.

［34］季晴.初探生态翻译学视域下实现译员主导性的途径［D］.南京师范大学,2014.

［35］蒯璐.基于生态翻译学"三维"转换翻译方法的实用文本翻译研究［D］.南昌航空大学,2014.

［36］李莹.从生态翻译学看贾平凹小说《天狗》的英译［D］.西安外国语大学,2013.

［37］鲁琳琳.《生死疲劳》葛浩文英译本的生态翻译学研究［D］.陕西师范大学,2014.

［38］余通文.生态翻译学视域下卓振英翻译观研究［D］.浙江师范大学,2014.

［39］赵弘阳.生态翻译学视角下的政府工作报告英译研究［D］.中北大学,2015.